U0059812

大都會文化
METROPOLITAN CULTURE

大都會文化
METROPOLITAN CULTURE

社會大學的必修學分

課堂上學不到的100條人生經驗

序

黃金有價，經驗無價

「書呆子」一詞早已有之，是對那些滿腹經綸卻不諳人情世故者的戲稱。現在眞正的「書呆子」不多，但不善於溝通的人卻不在少數。

據美國相關研究者調查，在事業有成的人士中，八十五％靠人際溝通能力，只有十五％純粹是靠擁有某種專業技能而竄升。在中國這種人際關係較複雜的社會，僅憑專業技能取勝的更不超過十％。

許多剛從學校進入社會的青年，雖然有才幹，也有進取心，但工作並不順利，難得信任和重用，其原因通常是人際關係狹隘。拉關係並非一門很高深的學問，但還是有人一輩子也學不會，這多半是不善經營人際關係之故。

本書對多位成功人士進行調查，歸納出一百條有用且常用的人生經驗，供有志於開創一番事業的青年們參考。這些都是「過來人」在生活中打滾，付出各種代價得來的寶貴經驗，相信能夠啓迪對人生感到不安的讀者們。

第一篇　實現自我價值

目錄

目錄

目錄

目錄

第一篇
實現自我價值

經驗法則告訴我們，東西能賣多少錢，關鍵在它值多少錢。是個寶或是根草，由它本身的性質決定。也許有人能從價值低微的東西創造財富，但別以為自己也有這種本事。

一個人身上若具備成功因子，那麼連命運也阻擋不了他邁向成功。不具備成功特質而追求成功，就像買彩券一樣，只能寄望百萬分之一的好運。與其祈求好運降臨，不如走出自己的成功之路。

第一章　找對才能的位置

1 天才，是能充分發揮潛能的人

志輝從小貪玩，不愛讀書，成績一塌糊塗。父母常罵他笨，久而久之，志輝也覺得自己笨，索性放棄念書。勉強讀完國中，志輝就不想繼續升學了。舅舅知道後，責備他：「你玩的時候花樣特別多，哪裡笨？如果你將玩的心思用一半在讀書上，一定能考上大學。」志輝受到刺激，從此埋頭苦讀，三年後，果然考上一所明星大學。

人的生命是短暫的，但潛力是無窮的。據專家研究，普通人的潛能只發揮不到十%，還有很多開發的空間。能出人頭地者，必定是那些善於發掘自身潛能的人。那麼如何在有限的生命中發揮最大的潛能呢？

1、善用每一分鐘：上天給每個人同樣的時間，但所產生的效益卻視各人的運用方式而異。以一個正在學習英語的人爲例，起床後開始半小時的例行工作：刷牙、洗臉、更衣、用餐，然後聽英語學習帶半小時，總計花一小時。但若一起床就按下錄音機開關，一邊進行上述的例行工作一邊聽學習帶，則一小時的工作僅耗費三十分鐘就可以完成。凡事有輕重緩急，必須釐清處理的先後順序，並按照計畫逐一完成，才不會顧此失彼、手忙腳亂。現在是知識爆炸的時代，多花一分精力充實自己，就比別人強一分適應能力。若不吸收新知，只是用套公式的方式過日子，很快就會被社會淘汰。

2、設定明確的目標：精神專注、心無旁騖，自我進修時，才能充分發揮記憶能力；觀察分析事物時，也才能更細緻、更有條理，收到事半功倍之效。身心疲憊時，工作效率自然大打折扣，因此必須適度地休息。而意志消沉時，更要設法鼓勵自己、設定目標，再度提起奮鬥的勇氣。但絕不能好高騖遠，以免達不到目標，反而使精神承受更重的壓力。一事無成的人多半缺乏欲望。欲望是一股無法想像的強大力量，也是邁向成功的動力。因爲有了欲望，人才會發憤圖強，追求自己的理想。如果不知道自己想成爲什麼樣的人，就不能塑造自己的人格；如果不知道自己想做到什麼樣的事，就不能提高自己的能力。訂立目標，能使自己凝聚精力，有利於潛能的發揮。

3、勇於接受挑戰：適應力是人類與生俱來的潛能，但許多人正逐漸喪失這種能力，他們墨守成規、害怕變化，徒然喪失良機。「窮則變，變則通」，如果不能改變環境，就去適應環境，這是基本的成功之道。凡事應當機立斷，猶豫不決只會延誤時機。不做決定也許就不會犯錯，但人生卻有一個最大的遺憾：永遠無法享受成功的樂趣。人最容易原諒自己，有了過失，便找一籮筐的理由來搪塞，而不求根本的改善或解決之道，潛力無法激發，日子就這樣平淡地流逝了。反觀有成就的人，無不充分發揮個人的潛能。遭遇任何磨難，總是盡其所能地尋求自我突破，最後終於能享受到成功的果實。

2 目標，引導人走上正確的路

政平是一個愛夢想的青年，他有滿腦子想達成的願望：想成爲一位政治家，爲人民做事；想成爲一個大富豪，與比爾．蓋茲一爭高下；想娶一位漂亮的妻子，對自己忠貞不渝……但在現實中，他卻沒有一個明確的目標，覺得從政沒意思，發財也沒意思；娶老婆雖然有意思，但眼前的女人都沒意思。他每天工作無精打采，下班後無所事事，活得悲觀、頹喪，有心振作起來，卻不知該怎麼做。

平庸的人沒有一個明確的生活目標，跟著感覺走，走到哪算哪，結果總在原地踏步，像無頭蒼蠅般奔波忙碌，卻一事無成。如果你不想成爲他們中的一員，必須盡快確立人生的目標。

●目標能帶來動力

如果你知道自己需要什麼，就會有行動的動力。有了目標，工作就會變得有樂趣。你會因爲受到激勵而願意付出代價，妥善管理時間和金錢，並且研究、思考和設計目標。越是投入目標，你就會越熱情，當願望變成渴望，對一些機會也變得很敏銳。這些機會將幫助你達到目標。

先確立一個長程目標，然後將它分成多個短程目標。對於最近的目標積極付出努力，因爲它們可以在短時間實現。你完成這個短程目標的時候，對自己產生信心，然後短暫休息，再邁向下一個目標。

人生好像是爬山一樣，你必須先有攻頂的強烈欲望。如果你只滿足於站在山谷中，悠閒地望著山頂，想像自己站在上面，這樣永遠到不了顚峰。你不但要提起勁努力攀登，而且不能盲目前進，無視於腳下的岩石。山頂有時清楚，有時模糊，但是即使看不見，你還知道它是最後的目標。最後的目標使你不致迷失，如同指南針一樣。不過如何爬山則要靠自己的努力。

沒有人會懷疑設定明確目標對成功的重要性——然而，多數人都沒有眞正地按目標去生活。目標不僅是一個努力方向，還應該是一個衡量尺度，用它來判斷生活中哪些事是有益的，哪些是有害的，然後按利害關係來決定做與不做。假如目標只是紙上談兵，就只是空想。

●讓目標融入生活

工作、家庭與社交是息息相關的，但影響最大的是你的工作。家庭的生活水準、社交的名望，大部分是以你的工作表現決定的。所以，將眼前的工作做好，等於爲未來鋪墊腳石。

人的內心有無限的力量，當一個人充滿信心地發揮才能時，他的人生就會散發驚人的光芒，不可能的事也會變成可能。命運也會屈服於人的決心。當我們有了某種決心，並且相信一定會實現，將會左右逢其源，把自己推進成功。不管處在何種惡劣的環境中，都不要被現實打垮，要爲達到目標去努力，甚至朝更大的目標挑戰。當你這麼做時，已經一步步走向成功之路了。

你要的是什麼？做決定不能依賴潛意識，要憑理性。從生活瑣事到人生規畫，凡是自由意志所爲都要靠理性。理性不但能幫助我們訂立目標，還能幫助我們在情勢不利時明智地改變目標，使我們的行爲不會無理、偏執或受人左右。

●不要認為自己「無能為力」

沒有「無能爲力」的人，也沒有「無能爲力」的事。下面的兩個建議和你的毅力結合時，期望的結果便唾手可得。

1、告訴自己「一定有其他方法可以辦到」。每年有幾千家新公司獲准成立，可是五年後，只有一小部分繼續營運。那些半途退出的人通常這麼說：「競爭實在太激烈了，只好收手。」事實上，眞正的關鍵在於他們遭遇障礙時，只想放棄，因此才會失敗。如果遇到困難就打退堂鼓，就會眞的找不到出路。因此一定要拋棄「無能爲力」的想法。

2、暫停，然後再重新開始。我們經常鑽進牛角尖而不自知，結果看不出新的解決方法。

3 信念，是無堅不摧的力量

安婷畢業於財經系，被聘爲某公司會計。她在應徵時說自己有兩年的工作經驗，所以主管直接指派她做會計帳，但安婷其實連一天工作經驗也沒有。一接觸到實際工作，她才發現學校學的那點東西遠遠不夠，連相關的會計科目都不清楚，怎麼做帳？但她堅信自己能完成工作，每天加班到凌晨三點，查閱以前的會計帳，並參考相關書籍，邊學邊做。十天後，安婷準時完成了工作，並發現自己在處理會計帳時，已不比資深會計差。

「不可能」三個字只是懦夫的藉口。當人類能在太空翱翔時，還有什麼「不可能」呢？

●信念是人生的法則

依賴運氣的人常常滿腹牢騷，一味詛咒厄運，並期待好運降臨。獲得成功的人，則覺得唯有信念方能左右命運，他只相信自己。很多事情，「信則有，不信則無」。當你堅定地相信一件事，在潛意識中就能夠留下印象，而適當地發生反應，這種反應會影響你的行爲，並導致行爲結果的變化。

在旁人看來不可能的事，如果當事人的潛意識認爲「可能」，就會激發極大的潛力。這時，即使表面看來不可能的事，也可以完成。許多令人難以置信的偉大事業也有人能夠去完成，其主要原因就是，那些人擁有「勢在必行」的強烈信念。

要如何培養信念？其中一個方法是保持正面的想法，不讓消極的觀念進入大腦。多讀一點好書，思考智慧的哲理，或是和樂觀的人來往。另一個方法是提高自己的慾望，抱著慾望去挑戰，從而培養必勝的決心。

●挫折是成功的基礎

沒有一個奮鬥者能免於失意挫折而風平浪靜地度過一生。失意可說是一個人必經的歷練，並非空想就能有所突破，必須堅守信念，持續不斷地努力。承認失敗就眞的失敗了。愛迪生在發明電燈時，曾遭遇千百次實驗失敗，但他說：「我知道了千百種不能用的材料。」如果他在某次失敗後宣告放棄，他就不會發明電燈了。失敗只是延長了成功的時間，並不能阻斷成功。

某位生意很成功的老闆，一走進他的辦公室，就會覺得這是一位身價不凡的人——各種豪華的擺飾、考究的地毯、進出的人潮及知名的顧客名單，在在顯示他的公司成就非凡。然而，這家公司的老闆背後卻藏著不爲人知的辛酸血淚。初創業的前六個月，他就把十年的積蓄耗盡，因爲付不起房租，幾個月下來都以辦公室爲家。他被顧客拒絕過上百次，和歡迎他的客戶幾乎一樣多。整整七年的艱苦掙扎中，他沒有一句怨言，反而說：「我還在學習啊！這種生意競爭很激烈，實在不好做。但不管怎樣，我還是要繼續努力。」他眞的做到了，而且做得轟轟烈烈。

這一切想必把他折磨得疲憊不堪了吧？他卻說：「沒有啊！我並不覺得很辛苦，反而覺得有無窮的樂趣。」也許有人會想：「七年時間，太長了！如果奮鬥一兩年就能成功的話，我倒還樂意嘗試。」有這種想法的人，七年後必然還是一事無成，因爲天底下沒有白吃的午餐，即使有，也未必輪得到自己。

●行動是激勵的秘訣

很多人會認爲自己收入太少，不可能變成富翁，這是因爲他們不懂積少成多的道理。聽說越有錢的人對小錢越在意，而窮人常會認爲「那麼有錢的人，怎麼連一杯咖啡都捨不得喝？」可是我們應該想到，如果他沒有那種吝嗇的精神，也就不會變成富翁了。不僅財富是這樣，信譽、人際關係等也是如此，要積少成多、愛惜使用，否則無法成就大事。

每天花幾分鐘在鏡子前朗誦一些令人振奮、自信的語句，讓內心充滿自信，那麼任何的障礙都將迎刃而解。經常面帶笑容，使你充滿活力和能量。人們用態度、行爲、儀表、談吐和眼神來表現自己的自信。有自信的人，他的全身都顯現出自己對未來的評價和藍圖。

自我激勵的秘訣就是「行動」。無論何時，當「立即行動」這個想法從你腦中浮現，就該馬上行動。一個勤奮的藝術家，不會讓任何一絲靈感溜走，而會立即記下來。對他來說，這個習慣十分自然，就像想到一個令人愉快的念頭時，不覺地會心一笑一樣。切記，如果你以積極的心態行事，就能成爲理想中的那種人。

「立即行動」是一句重要的自我激勵語句，記住這句話，就是向前跨出重要的一步。

4 才能，要充分發揮才有價值

麗珍相貌普通，在校成績也普通，好不容易面試進一家公司，但能力有限，業績也普通。不過，她的口才不錯，記憶力也很好，善於說故事。於是，她經常將同事們閒聊時所談的對公司的看法整理歸納，然後向老闆提出自己的建議。老闆覺得她頭腦清晰、思維活躍，而且關心公司事務，值得重用。結果，兩年後，麗珍一路晉升到公關部經理的職位。

每個人都具有某種特殊的才能，但許多人並不認為這些才能會對現在的工作有幫助，或者並不知道如何運用這種才能，以致於這些珍貴才能都白白浪費了。

●才能決定身價

你認為你的身價有多少，你就值多少。如果別人認為你「不值錢」，那是因為沒有發現你的特殊價值。因此，你應該先認清自己的才能，同時保持自信。才能是一個廣義的概念，包括智力、體力及人際關係等各方面。即使是擅長電玩遊戲，也是一種才能。只要用對地方，就有它的價值。

這就像我們將砂糖加入咖啡中，若不攪拌均勻，那麼加再多的糖，喝起來還是苦澀的。要使咖啡香甜，絕對不是加入大量砂糖，而應將咖啡中的砂糖攪拌均勻，讓甜味完全散發出來。同理可證，想要達到目標，最重要的不是學習新本領，而應先將現有的才能發揮到極限。

●小聰明也可以成就大事業

不論何種才能，一旦發揮作用，就會立刻在心底湧起一股自信。所謂自信，大部分都是在發現自己擁有某種特殊才能後產生的。從現在起，不要丟棄那些曾經以爲是沒有幫助的小玩意兒（例如電玩），不妨試著思考如何運用這些小玩意兒來提高自己的身價，改進自己的人生。

「小聰明不重要」是錯誤的觀念。舉一個不甚恰當的負面例子：「雞鳴狗盜」這個成語源於一個運用小聰明脫險的經典故事。剛開始利用某些小聰明時，可能需要相當的勇氣，一旦突破之後，就得心應手了。某位家庭主婦，爲了迎合家人的口味，常常用一些特殊的配料烘製蛋糕，沒想到不但家人讚不絕口，甚至在鄰里間也大受好評。後來，這位家庭主婦開始自製自銷，結果賺取一份可觀的額外收入。

5 人格特質比智謀更重要，能降低成功的難度

小李大學時很愛看智謀類的書，將三十六計背得滾瓜爛熟。畢業後，他到一家小公司做事。他覬覦主管的位置，並積極採取行動，運用「含沙射影」、「指桑罵槐」、「借刀殺人」等不正當的手段，一方面貶低別人，一方面抬高自己。於是，他

很快就得到老闆的信任。然而，不久之後，突然被炒魷魚。小李錯愕不解。老闆說：「你來了這麼久，從沒聽你說過別人一句好話。」

在現實生活中，似乎越愛耍手段的人越容易成功。實際上，這只是假象，那些看起來耍手段卻能成功的人，必有其他優點彌補缺陷。下述二種特質是不可或缺的，否則很難獲得成功。

●友善待人

一個人的成功固然離不開能力和智謀，但存心不良的小聰明卻會爲自己招災惹禍。友善待人是人的基本德性。社會地位高的人不一定是好人，但多半看起來比較友善。友善可以獲得眞正的友誼，無端的爭鬥只會造成兩敗俱傷。友善能化解矛盾，無情的指責只會使問題惡化。友善就能謙虛待人。唯有謙虛，才會被人眞心接納，才有機會截人之長補己之短。有謙才有容，有容方成其大。

某個女孩好不容易找到一份在高級珠寶店當售貨員的工作。有一天，店裡來了一位衣著破舊、滿臉憂愁的男顧客，用一種渴望的眼神，盯著那些高級首飾。女孩接電話時不小心把一個碟子打翻，六枚精美的鑽石戒指滾落在地上。她慌忙撿起其中的五枚，但第六枚怎麼也找不到。這時，她看到那個男子正走向門口，頓時意識到戒指是被他拿去了。於是，她小聲叫道：「對不起，先生。」那男子轉過身來，兩人對視了一會。女孩神色黯然地說：「先生，這是我的第一份工作。現在找工作很難找，想必您也瞭解，對不對？」男子看了她許久，終於臉上浮現一絲微笑地說：「是的，確實如此。但是我能肯定，妳在這裡會做得很好。我可以為妳祝福嗎？」他走過去，把手伸給女孩。「謝謝您的祝福。」女孩立刻握住他的手，溫柔地說：「我也祝您好運！」男人轉過身，走出大門。女孩目送他的身影消失在門外，然後轉身走到櫃台，把手中握著的第六枚戒指放回原處。

女孩用她的善良和聰慧感化了那位男顧客。她用一種寬容和仁愛的心去看待他的錯誤行為。如果她像眾多缺乏善心的人，先指認他為小偷，然後叫來警察對他搜身，將使問題變得非常複雜。不是男人被當成小偷，就是她被當成誣陷者，絕對不會出現皆大歡喜的結果。

●不輕易指責別人

有句至理名言：當你給別人陽光時，你也會得到陽光。每個人都希望自己能得到讚美，不希望被責備。但在現實生活中，人與人難免會有磨擦，抱怨和責備就隨之而來。指責不會使事情按照自己的意思發展，反而會帶來意想不到的困擾。

林肯曾寫過一封匿名信給某報社，諷刺一位名叫詹姆斯・希爾茲的政治家。這人自命不凡、好勇鬥狠，當他查出信的作者時，馬上去找林肯要求決鬥。林肯不想應戰，但爲了保住榮譽，不得不同意決鬥。在約定日期，他與希爾茲來到密西西比河的沙堤上，準備決一死戰。幸虧在最後一刻，他們的助手盡力阻止了決鬥。

這是林肯一生中最驚心動魄的個人事件。這件事讓他明白做人的道理，他從此再也沒寫過侮辱人的信，也幾乎沒有爲任何事再責怪過別人。因此，在日常生活中，盡量避免因一時衝動而辱罵、輕視別人，而面對別人的指控時，也要盡量寬容。

6 形象，是最鮮明的人格魅力

士偉是個衣著隨便、不修邊幅的人，卻經常自詡爲「行大事者不拘小節」。後來，他到一家大公司上班，最初會特別注意衣著，但不久又故態復萌。某天，總裁巡查部門工作，見他滿臉鬍渣和骯髒的皮鞋，勃然大怒地說：「你可以不在意自己的形象，但公司必須在意自己的形象。下次再見到你這副模樣，請你立刻走人。」

士偉顏面無光，想辭職不做，但捨不得這份高薪的工作，只好改掉不修邊幅的習慣。

很多人都有和士偉類似的習慣，導致他們喪失許多成功的機會。雖然個人形象不是成功的最重要因素，卻直接影響到自己是否容易被接納。不被人接納，能力再強，也只能徒呼負負。

●展現人格魅力

人格魅力是心理素質和修養的外在表現，它直接反映道德品格、思想情感、性格氣質、學識教養、處世態度等。一個人是否能被人接納，與其人格魅力關係甚大。人格魅力包括以下幾個方面。

1、精神飽滿，神采奕奕：富有自信能激發對方的交往熱情，活絡氣氛。萎靡不振、敷衍冷漠，則使對方感到興味索然，甚至不悅。與人來往時，要適時表示關心對方的興趣和嗜好，並隨其言談舉止做出自然得體的反應。要別人喜歡自己，自己先要喜歡別人。

2、衣著整潔，儀表得體：一個人風度翩翩、俊逸瀟灑，人們往往樂於與之交往。不修邊幅、骯髒、邋遢的人，絕對無法吸引他人。

3、談吐幽默，言語高雅：一般而言，不善言談、沉默寡言的人讓人感到沉悶，侃侃而談、反應敏捷的人比較受歡迎。此外，最好不要在背後道人是非，講話注意分寸，而且要在背後讚美人，當面批評人。尤其不要油腔滑調，不要說粗話。

4、溫文爾雅，舉止大方：舉止穩重得體，表示一個人良好的教養，讓人有成熟、可信賴之感。只有對自己充滿信心的人，才能在社交中做到自然大方，揮灑自如。

●發現別人的價值

如果周遭的人都喜歡你，成功的機會就會更多。因此，如何讓人喜歡自己，是一件非常重要的事情。那麼應該要怎麼做呢？

首先，必須承認別人是重要的。你要堅定地使自己相信：別人是重要的。甚至在你不想相信的情況下，也要堅持這麼做，同時還要讓別人了解你的態度。這麼做的好處是：將你的人際關係奠基於眞誠之上。不過，如果你口是心非、耍花招，一旦露出馬腳，別人對你的信任將消失無蹤。

其次，必須眞心讚美別人。讚美比承認更進一步。承認多半是被動的，我們承認別人的缺點卻仍然把他們當作朋友。而稱讚則更加主動，它超越只是容忍別人缺點的範圍，而積極地發掘我們喜愛的優點。

人都渴望被欣賞，他們找尋的是能提高自己價值而非降低自己價值的人。去發掘別人身上眞正有價值的東西吧！每個人身上都有值得讚賞的優點，關鍵在於你是否願意去發現。

●展現自己的價值

如果你能在交往中慷慨地散播歡樂，爲別人帶來愉悅的情緒，那麼你將會是個受歡迎的人。

我們爲了給別人留下良好的印象，經常會改變自己的形象。然而，這並不代表你必須變成一個「演員」，故意掩飾自己的眞情實感，完全放棄自我的內在氣質。那種做法並不可取，它不僅使你感到壓抑和束縛，一旦被人揭穿，結果只會適得其反。

知道如何與人交往的人，不會因場合不同而改變自己的獨特性。保持眞我是給人留下美好印象的秘訣。不管是與人交談或發表演說，都要保持本色，千萬不要言行不一。

內在的氣質是最寶貴的。保持眞我，就是保持自己獨特、健康的個性，至於那些人見人厭的怪癖，應該毫不猶豫地拋棄。

第二章 肯定自己才知道存在的價值

7克服情緒起伏，擺脫低潮

美雪是個比較敏感的女孩，在校時就不愛跟別人來往，更不愛開玩笑。開始工作後，免不了要與老闆、同事接觸。若老闆或同事對她說了一句不中聽的話，她就會難過一整天，老是想著這件事。有時埋怨別人對自己有成見，有時怨恨自己沒出息，甚至聯想到曾經發生和可能發生的種種不愉快的事。她經常忍受這種情緒起伏的煎熬，卻不知道該怎麼解脫。

像美雪這種極易情緒低落的例子越來越常見，其實每個人都可能有情緒低落或激動而難以自抑的情況。這時，應該如何控制自己的情緒呢？

●分散注意力

情緒一旦爆發，就很難收拾，因此，最好在爆發前就將它控制住。可以利用某些方法克制自己的情緒，例如，有人生氣時，就在心中暗誦二十六個英文字母來制怒。俄國著名作家屠格涅夫與人吵架時，就讓舌尖在嘴裡轉十圈，使心情平靜下來。平復情緒有很多種方法，目的無非是分散注意力，免得受情緒牽制。

另外，不要太愛面子，適時地轉移注意力，反而更能保住面子。美國來自伊利諾州的議員康農在初上任時，遭到另一位代表的嘲笑：「這位從伊利諾州來的先生，口袋裡恐怕還裝著燕麥呢！」這句話的意思是諷刺康農尚未擺脫農夫的氣息。然而，康農卻從容不迫地笑道：「我不僅在口袋裡裝有燕麥，而且頭髮裡還藏著草屑。我是西部人，難免有些鄉土氣，可是我們的燕麥和草屑，卻能長出最好的苗來。」康農的恢宏大度，頓時使嘲笑他的人慚愧不已。

幽默與歡笑是調節情緒的好方法之一，在惡劣的情緒下笑一笑，陰霾會一掃而空。美國紐約大學某教授發現，笑可以驅散心中的積鬱。蘇聯某心理學家更認爲，笑容是衡量一個人適應環境能力的尺度。因此，當你有煩惱時，不妨想些引人發笑的事，或是看看笑話集或輕鬆的漫畫，有助於排除愁悶。

●轉移情緒

壞情緒有時很難控制，這時，你可以試著把自己的注意力和精力轉移到其他事物上，讓自己沒時間去想不愉快的事。德國生物學家海克爾結婚兩年，愛妻不幸去世，年輕喪妻使他痛苦得瀕臨瘋狂。後來，海克爾忘我地投入工作中，才逐漸走出痛苦的煎熬。他每天只睡三、四小時，工作十八小時，一年之內就寫出一部一千二百頁的鉅著——《生物形態學概論》。

人最大的困擾不是沉重的工作，而是閒著沒事幹。根據社會學家約得森．蘭特斯的統計和研究表示，大部分人在閒閒無事的時候，不是感到快樂，而是煩惱和焦躁。忙碌的人，往往是最輕鬆的人。一些在事業上有卓越成就的人，在回憶一生的經歷時，經常覺得最快活的時光，是在辛苦工作的時候。請喜歡你的工作吧，這是防治情緒病的良藥。

當情緒不佳時，除了投入工作外，不妨暫時抽離，看電影、打球，或者遊山玩水，離開使你心情不快的地方，改變想法，放鬆心情，有利於平復情緒。

●適當宣洩

控制情緒，最簡單的方法莫過於「宣洩」出來。千萬不要壓抑，「隱藏的憂傷如熄火之爐，會使心燒成灰燼」。如果到了悲痛欲絕或委屈至極的時候，就放聲大哭一場吧！這會使你的心情稍微舒坦。心中有煩惱，可以向親朋好友傾訴，尋求安慰。

古羅馬著名思想家西賽羅認爲：「天下最愉快的事情莫過於結交互相親愛、互相扶助的朋友。」年輕人應該更積極，廣交朋友，特別是心胸寬闊、性格開朗的人，他們能帶來許多意想不到的快樂。

8 為情緒找到宣洩的出口

淑珍在大學一年級時交了一個男朋友，他們的感情很好，並有過「海枯石爛」的愛情盟約。然而，大學畢業後，淑珍的男朋友卻說要和她分手。當時淑珍無法面對這個事實，整天悶悶不樂，對什麼事都提不起興趣。如果有「忘憂草」這種東西，她一定會毫不猶豫地吞下去，遺忘一切讓人不愉快的事情。但世上哪有「忘憂草」呢？

當人們有所割捨，如友情、愛情和自尊時，就傷心痛苦，這是人之常情。但無論如何我們都得生活，所以遇到這些事時，不妨嘗試以下的建議。

●對症下藥

當你悲傷時，就找使你悲傷的人，直接告訴對方你的感受。不管你是否願意，還是必須以某種方式發洩情緒。如果不面對導火線，壞情緒可能會隨時隨地發作。情緒發作時，是不會選擇時間和地點的。員工不向上司訴說不滿，卻消極地對待工作，就是典型的例子。直接與造成情緒失控的人溝通，就能杜絕不快的原因，使心情變好。

人們在害怕受傷或有所失去時，就會變得恐懼、焦急。某位少女的母親進醫院檢查和動手術時，家人為了不想讓她擔心，對其母親的病況絕口不提。少女害怕發生不幸的事，懷疑每通電話都可能傳達壞消息，結果變得異常焦慮，僅能勉強應付學校和家裡的工作。直到別人告知她母親的病情，她才放下一顆懸宕已久的心。

感到不安時，就設法找出不安的原因。是害怕無法應付生活和環境的變數呢？還是自尊心受損、價值觀受到考驗？試著找出解決的方法，不要因為擔心而逃避。一味的逃避，只會讓問題變得更棘手。

●適時發洩

生氣之前，最好先自問：「誰得罪了我？事情的眞相是什麼？我對他說什麼？我本來要說什麼？為什麼我沒有說呢？」心靈受創時，都應該立刻處理。例如，偉傑抗議雅惠開的party吵鬧不休，其實，偉傑眞正憤怒的原因是，他和雅惠是老朋友，雅惠卻沒有邀請他。「但是我們並不是眞正在開party。」雅惠解釋：「只是公司同事的聚會，所以沒有請你參加，難道你就爲了這件事生氣？」當面澄清誤會，通常可以解開彼此的心結。

不能適當發洩怒氣，情緒就會反過來侵蝕自己。伴隨情緒起伏而來的，通常是因內疚而自怨自艾。例如，責怪自己未達成理想而讓父母失望，或無法達到別人的要求而記恨在心。內疚來自壓抑的憤怒，而憤怒是因心靈受創而產生的，解決的方法應該是先找出根本的原因，尋求發洩的管道。例如在工作中受到批評，就咬緊牙關，將精力全部宣洩在工作上。這樣不但能平復情緒，還能改善別人的看法，更勝於無理取鬧，影響別人對自己的評價。

9 自信，將不可能變成可能

志平是某明星大學的畢業生，開始工作後，很想做出一番令人刮目相看的成績，展現明星大學畢業生的價值。不過，實際接觸工作後，他卻覺得自己有所不足，對完成任何事都沒有把握，可能是欠缺經驗，或是專業知識不足。因此，他從不敢大膽承擔高難度的工作，擔心做不好會破壞自己的名聲。久而久之，老闆就對他失去信心，把他當成一個打雜的人，只交給他一些簡單的工作。志平也喪失自信，懷疑自己只適合當學生，不適合工作。就在志平為何去何從的問題猶豫不決時，來了一位新上司。他對志平說：「不要找做不到的理由，如果什麼事都等到十拿九穩才去做，就什麼事也做不成。放手去做吧！行動產生奇蹟。」對志平而言，這是一個好的開始。一年後，他就成為這家公司最優秀的職員。

對大部分的人來說，眞正的問題不在於頭腦是否敏銳、教育程度如何，更不在於是否有過人的才能，而是沒有一個明確的目標，總是在原地打轉，對前途感到茫然，或是在追求某一目標時，卻突然失去信心，覺得自己「無法實現」。事實上，很多人對目標望而卻步，並非眞的「無法實現」目標，而是自認為無法實現。這兩者有本質上的差別。認清問題，就會信心大增。如果你還感到迷惑，不妨照下列幾個步驟去做。

●全力以赴當下的工作

許多人即使設定目標，也沒有足夠的熱忱達成，缺乏必勝的決心。某位哲學家曾說：「多數人都認定自己做不到，對任何事不抱希望。」因爲不寄予希望，所以經常抱持「我做不到」的想法，結果做任何事都沒有信心。在工作上追求快速成長而始終認眞如一、朝目標奮勇邁進的人不多，很少人會對工作全力以赴。

無論你在哪家公司上班或從事何種工作，只要懷著「這是我唯一的工作」這種想法，自然就會產生無比的信心。這種全神貫注的信念非常重要，半途而廢的人絕對不會有自信，也不會受到賞識。

「人，唯有貫注於自己的工作才會產生希望。」希望和自信原屬同一根源。當你全副心神都投入工作之中時，心底就會自然產生「只要確實去做，一定做得到」的自信。就抱著這種想法一天吧，短短的一天，可能就是你一生的轉捩點。

●事前準備，事後檢討

自信的重要泉源之一是做好準備工作，因爲必要的準備能提高成功指數。例如，在向人推銷商品或推薦構想時，保持自信的最好方法，就是事先準備任何場合都能讓對方接受的東西。再者，爲了不使對方感覺浪費時間，應該事先決定採取何種話題、方式，適當表達出重點。當然，不能等到凡事準備齊全才採取行動，因爲事物中存在著許多模糊和不確定性，既然無法預測風險和變數，就只能在行動中隨機應變。

著名的哲學家兼教育家約翰．德伊曾經說過：「從過去的經驗中所得到的教育，是建立自信的重要因素。」不幸的是，多數人似乎都不得這個道理，他們總是重蹈覆轍，在跌倒過的地方一次又一次跌倒，甚至將它當成一個必然的程序。如果我們能夠深刻自省一天中發生的事，將之當作一種啓示、教訓，就能避免再犯相同的錯。建議將各種經驗教訓用筆記錄下來，你將得到意想不到的收穫。

經常反省自己，必定可以減少日後的錯誤及失敗，也會增加自信心，當然就能快速提升個人價值了。

●冷靜思考問題根源

我們處在一個變經常動的社會，有些人容易被複雜的問題所苦。但一個人若要建立自信，就一定要思考複雜、困難的事情，不用頭腦就無法進步。問題越複雜，人們就越容易跟著感覺走，不想動腦思考，結果導致失誤的可能性越高。面對複雜的問題時，更應該認眞地釐清思緒，才會提高成功的可能性。事實上，不斷的成功才是自信的堅實基礎。

缺乏自信的人，終日和擔心結伴為鄰。越容易感到不安的人，越是不敢肯定自己。只要做好最壞的打算，就能克服對未知的恐懼。事實上，眞正讓人不安的事情，根本沒什麼大不了的。有時認眞研究，你會發現你所懼怕的「幽靈」，原來只是一株枯萎的盆景罷了，這時，你就會爲自己深陷其中的恐懼感到好笑。因此，只要拿出勇氣面對心中的不安來源，自然就可以消除陰影，產生堅定的自信心。

●約束自己堅持實踐

老子說：「自勝者強。」能夠約束自己的行爲，也是一種戰勝自己的表現，這能給人帶來持久的自信。所謂「約束」，並不僅僅是在頭腦中約束自己，重要的是行動。你可以試著在紙上寫下目標，例如「從今天起十天之內，每天早上要慢跑」或「從今天起十天之內，我要比平常早三十分鐘出門上班」等，並在紙上標明日期、簽名。約束的內容不重要，重要的是將它寫在紙上後，不論發生什麼樣的障礙，都務必遵守。當你在遵守這種約束時，就會發現由實踐產生了自我信賴。這種自我信賴更是你已開始坦然面對自己的實證，此時自信當然也會跟隨而來。隨著時日的推移，它將根深蒂固地成爲你的勇氣與力量。

大多數人在實行這種自我約束時，會有優柔寡斷、遲疑不決的心態，即使實行，一旦遇到困難又會隨即中止。然而，若是用這種寫在紙上的具名方法，就不會輕易半途而廢了。這是我們從柔弱轉變成堅強的最佳捷徑。

10 堅定信念，克服自卑

亞維出身農村，家境貧寒，雖然考上大學，但繳不起學費，只得在家務農。他不想一輩子當個「面朝黃土背朝天」的農民，然而，他在大城市裡找不到工作，只好去撿垃圾賣。半年後，儲了一點錢，就租房子開垃圾收購站。等到積蓄再多一點時，想改經營服飾店。於是他先去擺地攤，從小生意學起。後來，他成功地開起服飾店，而且生意興隆。現在他已經是一位擁有十餘家分店，資產上千萬的大老闆了。

生活的決定權在自己手中，別人是無法取代的，關鍵在於你如何把握這種機會，獲得成功。

●信念和欲望

成功始於決心成功的那股信念。功成名就的人，其信念和欲望令他們伺機而動的老虎，也像勇往直前、銳不可擋的火車頭。他們毋須別人鞭打監督，而能自制自律；他們懂得盡可能利用現有的資源；他們矢志不渝、無所畏懼，所以無往不利。

上蒼安排給每個人的成敗機率是相同的，但成功與否，則端視個人掌握成敗的能力而定。面對眼前討厭的工作，有的人想逃避，他們認爲一直放任不管，別人會替自己做。然而，這些逃避的人什麼東西都學不到。相反地，樂意接受這些討厭工作的人，只要能夠解決問題，下次再遇到更麻煩的工作時，就能順利完成。擁有堅定的意志，就一定能夠突破難關。就算一次又一次地遭遇難關，只要能一次又一次拚命越過，自己的能力將與日俱增，將別人遠遠甩在後面。

難關是鍛鍊你的意志的場所，是爲了繼續向前走的能源儲蓄所，更是使你能力更強、心胸更寬大、人生經驗更豐富的磨練場所，甚至可說是指引你人生之路的導師。如果我們想在最惡劣、最不利的情況下取勝，就必須把所有可能退卻的道路切斷。只有這樣，我們才能保持「必勝」的決心。這是成功必備的條件。

●克服自卑

在現實生活中，大部分人都有某種程度的自卑，如果不克服它，只是悶悶不樂地等待，就無法隨心所欲地發揮自己的優點。越想追求完美生活的人，往往越容易產生自卑感。這種感覺不能一概認爲是退卻、保守的。一個有很多缺陷的人，如果他很遲鈍或不知如何省察自己，根本不會在乎。自卑感可以說是一種「高級」的感覺。現實跟理想通常有很大的差距，也正是這種差距讓人產生自卑。因此，有時越想擁有偉大人生，就越會產生自卑感。

自卑感是與自尊心是相反的極端心理，沒有向上心或自尊心的人，通常不會有自卑感，他會理所當然地承認自己的智力或才能都比別人差。即使有慘痛的境遇，也認爲是當然的事，打消奮鬥的念頭。這種人不會有自卑感，會認命的過一天算一天。

承認比別人差，卻又不甘心將自己捲入鬱悶的思想裡，這就是自卑感。如果死心，破罐子摔得再破也不會引起自卑感，唯有無法死心的自尊心存在，才會造就今天的自卑感。

11 戰勝自卑，重拾自信

有個心理學家，他在小女兒第一天上學之前告訴她，在學校裡要經常舉手，尤其是想上廁所時，更是特別重要。小女孩遵照父親的叮嚀，不只在上廁所時舉手，不論老師所提的問題是否能夠回答，她還是搶著舉手。很快地，老師對這個不斷舉手的小女孩，印象極為深刻，以後不管什麼問題，總是優先讓她開口。結果，小女孩的學習成績及其他方面的能力，遠遠超越其他同學。

每個人都想和前例的小女孩一樣積極主動，希望能夠擺脫自卑感，但要重拾自信不如想像中的簡單。到底要如何找出產生自卑感的癥結並加以克服呢？

●避免以自卑自我催眠

自卑者的主要特徵是不瞭解自己，不相信自己有解決難題的能力。這類型的人，總是把碰到的問題掛在嘴邊，抱怨自己命不好。他們大談特談自己的遭遇，目的是為了贏得別人的同情。他們會經常對周圍的人說：「唉，你們根本不知道我的難處啊！」。其實，在現實生活中，任何人都會遇到困難，有些人的遭遇確實分外令人同情，例如生重病、失戀、殘障等。不過，有一些人根本沒什麼問題，卻終日自怨自艾、愁眉苦臉、無病呻吟。這種人不值得同情。

自卑引起的第一個問題就是困擾別人。人們可能會暫時同情這種人，但遲早會覺得厭煩。誰都不想和總自認倒楣的人在一起，他們只會影響自己的好心情。因此，即使遇到不如意的事情，也不要過分張揚來引起別人的同情，表面上還是要表現得樂觀、愉快。絕不能因爲遇到挫折，就貶低自己的價值。

自卑引起的第二個問題是鑽牛角尖。這種人經常想：「爲什麼我會這麼倒楣呢？」他們總是浪費時間在思索沒有意義的想法上，而不會想辦法解決問題。這種人通常會認爲所有壞事都會發生在自己身上，無力走出困境。日積月累，這種想法會越來越強烈。所以，我們應該保持「自己是最好的」想法，想做什麼就做什麼，對自己充滿信心。如果一個人認爲自己很能幹也很有潛力，以此信念付諸行動，那麼生活將過得更順遂。

●不要把缺陷放大掩蓋優點

要如何測試一個人的自卑程度呢？下列的方法可供參考。在三個星期至兩個月內，不向任何人談及自己的煩惱，不以自我爲中心批評任何人或任何事，不談論別人在某方面比自己強，同時多和別人聊一些快樂的事。如果你能夠輕易地做到，就表示你基本上沒有自卑的問題。如果你覺得無法達到，就意味著你有一定程度的自卑感。

我們確實有必要花時間分析自己的障礙，找出實際存在的困難，也找出無法克服的瓶頸。如此一來，才能在可能的範圍內追求自己能達到的目標，同時也不必浪費時間追求那些短期內不可能達到的目標。也許你有理想或抱負，但因為某些原因而認為自己不可能實現，因而不努力嘗試，這樣只會增加無力感，喪失自信。扭轉這種心態的方法是，不論做什麼事，只要確定目標，就強迫自己盡量去做，這是使自己從自卑變成自信的第一步。

此外，執意掩蓋或去除缺陷未必可取，因為有些缺陷與優點相連，去掉缺陷，反而會使他們變得比以前差。例如鮮花的缺點是容易凋謝，若去掉這個缺陷，就變成假花，少了鮮活之氣。完美只存在於天堂，又何必在人間尋覓？

12 克服恐懼，勇往直前

詠馨大學時品學兼優，但膽子小，所以畢業後找工作總是不順利。有一天，她看見報上有一則知名企業的求才廣告，很想去應徵。走到那家公司門口，緊張得心臟狂跳，就是不敢踏進去。回家後再回想，覺得根本沒什麼好怕的，為什麼不敢進去呢？後來，她勉強鼓足勇氣，走進這家公司面試，卻又莫名其妙地緊張起來，直冒冷汗。面試時，注意力無法集中，說話不得要領，果然未被錄取。

有的人面對其他人、事或某些行爲就會不由自主產生恐懼感，雖然他們知道怕得毫無道理，卻怎麼也控制不住自己。到底要如何戰勝這種恐懼的心理呢？下列二種方法可供參考。

1、用幽默化解恐懼：一旦心生恐懼，就反問自己：「我到底在怕什麼？根本沒有什麼事情好怕的呀！」用幽默的心情來面對並加以解決。例如某醫院婦產科病房有條標語「生命最初的五分鐘是最危險的」，令所有未來的母親們憂心忡忡。後來，有人加了一句「最後五分鐘也十分危險」。不禁讓人會心一笑，頓時如釋重負。

自我解嘲讓人對既成的事實不那麼在意。契訶夫曾說：「當火在你的衣袋裡燃燒起來時，你應該高興，並感謝上蒼：多虧你的衣袋不是火藥庫。當你有一顆牙痛起來時，你應該高興：幸虧不是滿口的牙痛起來。」

2、避免無謂恐懼困擾自己：恐懼經常是毫無道理的。不會發生的事，終究不會發生，而該發生的事，也不可能因爲你的恐懼而消失。因此，恐懼只會使你徒增煩惱。與其如此，不如以「順其自然」的心態來面對。當你身處在最恐懼的境地時會發現，最糟的情況不過如此而已。法國劇作家貝爾納是猶太人，二次大戰時巴黎被德軍占領，他逃亡多日，最後還是被捕，但卻他說：「在此之前，我每天都生活在恐懼之中，可是今後我有了希望。」

顯微鏡的誕生無疑給人類文明帶來了福音，但對於恐懼症患者卻不啻是一大打擊：「水裡竟含有這麼多細菌！」其實自生命起源以來，我們的世世代代都是依賴水得以生存，何必計較這些而畏懼自然呢！

13 嫉妒阻礙自身的進步

宗憲善妒，看到有人積極工作，就說：「不就是爲了幾個錢賣命嗎？」看到喜歡幫助人的人，就譏諷：「假好心，愛現！」看到別人接到大筆訂單，他就鼻子一哼：「瞎貓碰上死老鼠！」看到有人發表文章，就露出鄙夷不屑的神色：「還不是天下文章一大抄！」看到別人陞遷，就忿忿不平：「有什麼了不起，還不是從爛蘋果裡選一個。」甚至造謠對方與主管有有曖昧使然。同事們覺得他心胸狹窄，都像躲瘟神一樣躲著他。

現實中不乏喜歡蜚短流長、造謠生事的人。只要看到別人「出頭」，就心生妒意，滿腹怨恨。反而大家表現普通，和他一樣無所作爲，才會稱心如意。這種作風損人害己，不得不愼。

●認清嫉妒的本質

嫉妒心是一種負面情感，是人心中殘存的動物劣性。很多動物的本性是善妒的，例如狼會咬死搶了獵物的同類，甚至曾經有小狗爲了爭得主人的寵愛，竟然趁著主人不注意，咬死另一隻小狗。

事實上，有些人就還保有這種明顯的動物性特特。嫉妒別人的人，骨子裡正是韓愈所說的「怠」與「忌」兩個字：「怠者不能修，而忌者畏人修。」我不學好，你也別想好；我當窮光蛋，你也喝涼水。這是一種有害無益的腐蝕劑，不僅打擊了別人的積極性，也保留自己的怠惰。就像荀子所說：「士有妒友，則賢交不親；君有妒臣，則賢人不至。」一個嫉妒心重的人，必然胸無大志，目光短淺，沒有作爲。

●結交成功人士

成功的捷徑是與成功人士合作。當有人勝過自己時，應眞誠地表達欣賞之意，並尋求與其合作，在共同的成功中分享戰果。我們有時需要某種刺激作爲動力，當別人超過自己時，更是一種正面的刺激，有助於激發自身的潛能。將強者當成超越的目標，總有一天能夠步入強者的行列。如果嫉恨、阻撓、打擊對方，那麼除了爲自己製造一個強敵和滿足一點可笑的「虛榮心」之外，又能得到什麼好處呢？

鄭板橋讚袁枚說：「室藏美婦鄰誇艷，君有奇才我不貪。」鄭板橋把袁枚的「奇才」視爲整個社會的寶貴財富和個人的依傍而感到欣慰。當然，鄭板橋的聲名才具絕對不在袁枚之下，根本不必嫉妒袁枚。不過，如果他沒有「君有奇才我不貪」的氣度，整天爲別人的成功氣悶、爲別人的才能痛苦，將時間浪費在跟別人的勾心鬥角上，又怎麼能取得今天的成就呢？

14 減少犯錯，避免偏見掩蓋真相

麗君是一個漂亮的女孩，從小在讚美之中長大，結果養成自以爲是的個性，做任何事都認爲自己有理，而且她總能搬出一堆書裡知識和生活經驗來證明自己是對。她交過五個男朋友，他們都無法忍受她的任性。結果，麗麗現在已經三十二歲，仍孑然一身，自以爲是的毛病更勝從前。

不要輕易承認自己是錯誤的，但也不要輕易認爲自己是正確的。相較人類浩瀚的知識來說，我們有限的見識有如「瞎子摸象」，似是而非。避免偏見，無疑是一種科學而審愼的態度。

●容納不同的意見

杯子裝滿水時，再加水也沒用，而原本清澈的水遲早會變成汙水、臭水。滿腦子自以爲是，就好像杯子加滿水一樣，無法接受新的思想，頭腦終究會遲鈍僵化。

如果截然相反的意見會使你大動肝火，這就表示你的偏見已經很嚴重。若有人堅持二加二等於五，或者冰島在赤道上，你不應該發怒，只需對他的無知感到惋惜。當然，如果你自己對算術或地理也一竅不通，則另當別論。只有雙方都無法提供令人信服的證據的事情，爭論才會最激烈。因此，無論何時都要注意，不要因爲聽到不同觀點的事就怒不可遏。細心觀察，也許你會發現你的觀念不一定都與事實相符。

透過觀察就能解決的事情，務必親自查證。亞里斯多德認爲，女人的牙齒比男人少。如果他數一數妻子的牙齒，可能就不會鬧出這樣的笑話了。人類致命的弱點，就是容易自以爲是。

●避免唯我獨尊

在看待問題時，切入的角度不同，對是非好壞的判斷可能截然相反。例如不論男女，十之八九都深信自己比異性優越。雙方都有充分的根據：男人會說，大部分的詩人、科學家都是男人；女人則會反駁，犯罪分子也是男人多。事實上，男性優越或女性優越的問題難有定論。在多數情況下，我們之所以堅持自己的「偏見」，一是出於無知，不知道看待事物有多種角度，自己看到的只是一部分而不是全貌；一是出於自尊，即使知道自己的觀點未必正確，也不肯承認，有時甚至會爲證明自己的正確採取一些愚蠢的行動。很多工作和生活中的錯誤就是這樣造成的。

如果你覺得別人缺乏理智、蠻橫無理、令人厭惡，你就要提醒自己：在他們的眼中，你或許也是如此。就這一點來看，或許雙方都是對的，也有可能雙方都是錯的。我們對人事物的觀點和想法，應該保持適度的彈性，切忌唯我獨尊。

第二篇
工作經驗

剛走出校門的人，往往有許多看不慣的人或事，因為他們的遭遇與課本中說的相距甚遠。最初，他們野心勃勃，希望按照自己的想法改造周圍的環境，等到碰壁後，就心灰意冷，隨波逐流，不思進取。

人與人的關係就像買賣，有資本的人是買方，反之則是賣方。剛踏出校園的社會新鮮人，資本不足，只好當賣方，依照買方的要求去做。例如賣鞋子，你只能做適合顧客的腳的鞋子，不能想要削掉顧客的腳來塞進自己做的鞋子裡。等到你賺足資本，才有選擇的自由。

第一章　找對工作，跨出成功的第一步

15 兼顧現實的工作，才是理想的工作

素有「才子」之稱的啓凡，大學時曾發表多篇文章。畢業時，他和幾位同學被分發到報社，他以爲自己一定會分在「新聞部」，至少當「記者」，但是他卻被分派到總編辦公室，令他大失所望。

他開始埋怨「安排不當」，抱怨老闆不識「貨」。實際上，老闆並非不瞭解他，而是想重用他，讓他瞭解報紙的運作過程。不過，見啓凡工作不負責任且不用心，最後打消了培養他的念頭。

自以爲是，希望老闆依自己的「專長」安排職位，是許多社會新鮮人容易犯的錯誤。

●做需要做的事

社會新鮮人應該盡量表現自己的優點，但這種自以爲是的優點卻未必符合公司所需。每個公司都有自己的經營特色和管理方法。唯有在公司需要時，個人專長才得以發揮。

成功者做需要做的事，失敗者則只做喜歡做的事。社會新鮮人的專長，應該成爲適應環境的「催化劑」，而不是挑剔工作的「資本」；應該是專長服從需要，而不是需要遷就專長。

小林是一位明星大學畢業的高材生，受聘於某廣告公司。第一天報到時，他對經理說的第一句話是要求重視專業，希望經理注意他的專長。然而，經理卻讓他先到企畫部實習，之後再根據情況調整。小林認爲無法充分發揮自己的專長，於是在企畫部不虛心學習，每天混水摸魚，不到三個月就被炒魷魚了。

對於剛步入社會的年輕人來說，先在不是自己的專業領域累積經驗，對未來很有幫助。只侷限於一種工作的人，思路狹窄，很難有傑出的表現。

●不看輕工作

另外，還有很多人容易好高騖遠，認爲自己是「大材小用」，不認眞執行交付的工作。

世事都有相通之處，有人能從劍道悟出書法之道，有人能從禽鳥搏鬥悟出劍術之道，對一個追求進步的人來說，沒有任何事情是與自己無關的。從事任何一門專業，若沒有其他領域的知識輔助，絕對無法達到理想的境地。

社會新鮮人應該嘗試各種工作，避免執著於個人專長或求高不就低的想法，要想勝任某個職位，就必須瞭解比該職務更廣泛的知識。

總之，即使老闆交付的工作比想像中的「差」，也要努力做好。是大材或小材，事實是最好的證明。

●定心工作

跳槽是社會新鮮人工作遇到瓶頸時最直接的反應。稍有不如意就跳槽，跳來跳去，根本學不到的東西。選工作不是點菜，不可能完全合胃口。

剛走馬上任時，首先要定下心，耐得住煩躁。一個穩定的人，能給人好印象。坐這山望那山，經常跳槽，對自己沒有幫助。社會新鮮人沒有資歷和經驗，想要藉由工作的過程來累積經驗，就需要有穩定的工作環境。老是「打一槍換一個地方」，雖然有新鮮感，但是很難「修成正果」。

再說者，跳槽的目的地，不一定是適合開墾的「處女地」，而社會上知名度高、眾人看好的工作，可能也不適合你。一旦你眞的當上管理者，你確定自己能夠勝任嗎？

想定下心不難，首先要做好心理建設。其次，要抱持安於工作的態度。不求「一蹴可幾」，但求「穩紮穩打」。最後，隨時調整自己。即使遭遇挫折，也要盡量讓平復焦躁的情緒。

薪資低，做出一番成績，就有討價還價的籌碼；職位不高，展現實力，別人就會信任你。識別人才不像鑑定水果的質量那麼簡單，需要時間來檢驗。老是跳槽，別人沒有足夠的時間檢驗你，又怎麼知道你是不是人才呢？

16 改變想法，找對工作

政浩在公家機關任職，他利用業餘時間自修完法律專業課程，並取得文憑。後來，他辭掉原本的工作，想找一份法律相關工作，但是找了一年多，卻始終找不到理想的工作。迫於生計，他只好「屈尊」去一家酒店當服務生，終日悶悶不樂。

社會的競爭越來越激烈，大部分的產業都呈現人員飽和的狀態，根本很難找到符合理想的工作。不過，只要掌握下面的原則，就能降低找工作的難度。

1、改變職業觀念：所謂改變職業觀念，就是指正確認識社會現實、社會中存在的職業，瞭解職業無高低貴賤之分。只要是社會所需，利於發揮個人才能，能夠體現自身的眞正價值，又可以取得自己需要的物質與精神財富的工作，就是合適的工作。

不過，很多人根本不瞭解自己的特質，當然找不到合適的工作。走出這個迷思最好的方法，就是在改變職業觀念的同時，培養自己的實力，使自身的水準達到理想工作的要求。

2、切勿躁進：長時間失業的人，越心急越難找到工作，甚至有人迫於生計而亂找工作。這種隨便的心態容易令招聘者質疑你的能力。

保持堅定的態度，避免讓人以爲你是走投無路才找工作。就算有人介紹你其他工作，你也要表明自己對現在的工作很滿意，若有更好的發展機會，還是可以考慮。如此一來，遇到想重用你的公司時，反而會提高他們對你的興趣。

如果你的理想是成就一番事業，那麼就應該選擇穩定一點的工作，並以此爲起點，努力朝自己的目標前進。如果你只想要生活有保障、有安全感，那麼就不要找挑戰性高的工作，而應該找需要安守本分、循規蹈矩的工作。如果你的目的是賺錢，那麼只要是高薪，就算是傳統觀念中較「低賤」的工作也適合。不過，絕對不能爲了薪資而出賣道德良知。

總之，在找工作時，必須充分認識自己的個性與理想，才能找到眞正合適的工作。

17 討厭的工作往往帶來意想不到的收穫

小李是個電腦愛好者，本想大學畢業後從事資訊業，但事與願違，被分配到一家雜誌社擔任文字編輯。最初他抱怨連連，沒想到一年後卻深深愛上這份工作。因爲這份工作不僅爲他帶來豐富的知識和經驗，而且人生價值能夠在筆下實現。

踏入社會的第一份工作不一定是自己喜歡的，但還是要謹守本分。在工作的過程中培養興趣，可能會有如下的收穫。

1、獲得寶貴的經驗：社會新鮮人的第一份工作可以學到很多課本裡學不到的經驗，爲工作生涯打下基礎。單調、枯燥的工作，可以讓你體驗就業的氣氛，鍛鍊耐性；豐富、多變的工作，可以讓你感受競爭的氣氛，鍛鍊應變能力。

麗麗是商品推銷員，這是意想不到的工作。她的興趣是公關，但經理告訴她：「如果你能說服別人購買你的產品，自然具備公關的能力。」於是，麗麗就利用這份工作鍛鍊自己。她整天站在商業大樓前向行人推銷新產品，儘管說得口乾舌燥、站得腰酸腳痛，她仍然自得其樂，因爲她在無形中練就了應付各種人和說服他人的能力。後來，她一直沒有換工作，她已經愛上這份極富挑戰性的工作了。

2、獲得尋找新工作的資歷：資歷往往能發揮出乎意料之外的作用。某大酒店在三年內走了一千三百人，其中大部分都受聘於其他酒店，擔任比原來更高一級的職位。因爲他們在五星級酒店做過，累積了豐富的經驗，有相當的資歷。如果你曾在著名的機關或公司工作過，對你而言無疑是一次寶貴的經歷。即使你以前任職過的公司默默無名，對方也不會將你當成生手，而會認爲你受過訓練或經驗豐富，所以第一份工作對剛出校門的學生來說相當重要，至少他會幫助你更容易找到工作，因爲很多公司都會優先錄取有經驗的人。

3、獲得有益的訓練：許多公司對新錄用的職員都要進行培訓，這可能是你第一份工作得到的重要籌碼。這時，選擇職前訓練完善的公司工作，既能受良好的栽培，又能領薪資，一舉兩得。即使你所在的公司不提供培訓，在工作的過程中，同樣能向資深員工學到許多有用的經驗，這對你日後的發展大有好處。

因此，你絕對不能因爲不喜歡這份工作就消極打混。雖然工作機會很多，你可以自由選擇，但是社會的發展可能礙於某些原因，僅能提供有限制條件的工作，所以就算能夠選擇，也未必能夠找到合意的，一定要珍惜現在的工作。

18 多方收集資料，小心徵才陷阱

宏毅本來是一家出版社的編輯，因故辭職。原以爲以憑自己的資歷可以輕易找到一份不錯的工作，沒想到找了兩個月，始終沒下文。就在這時，他看到一則徵求編輯的廣告，於是帶著簡歷和作品去應徵。老闆很欣賞宏毅的才能，表示三個月後視工作能力和表現再調薪資。不料，宏毅努力工作兩個月零二十八天時，老闆卻藉故辭退他。

現在的徵才廣告五花八門，充斥騙人的陷阱，但我們不能因爲怕被騙就不試。只要事前做好充分的準備，就不必擔心上當。

●了解應徵職位的基本條件

首先，要了解求才公司的性質，例如是公家機關或民營企畫。據統計，失業的人超過半數都希望到公家機關工作，反映了他們對生計的不安感。事實上，這種想法是錯誤的。無論公司性質如何，賴以生存的決定性因素還是在於該公司的實力。

其次，要了解應徵職務隸屬公司的哪個部門。一般來說，領導能力強的老闆，公司的營運狀況多半不會太差。不妨透過該公司的員工側面打聽。

再者，要了解交通狀況。公司離家遠近、通勤方式等，都是很實際的問題。

另外，你還要知道你應的公司的主要生產品、經營項目，以及經營規模等。

最後，了解你要應徵的公司有哪些部門，例如秘書、推銷員、公關人員等，找出你適合其中哪個部門。

●了解應徵公司的徵才條件

一般公司對於應徵者都會有某些基本要求。

例如性別、年齡、身體狀況、實務經驗、學歷、專長等，甚至有的公司會要求機動性出差、不定期加班等。另外，像旅遊公司通常以外語能力爲優先考量，而出租汽車公司則會要求汽車駕駛有駕照。

至於在薪資福利方面，可注意幾個重點。首先是薪資。薪資是維持生活基本開銷的主要來源，也是求職的主要目的，當然不可輕忽。

其次是獎金。除了薪資之外，獎金是公司根據營業績效支付的。有的公司獲利佳，員工往往可以得到優厚的獎金。

最後是福利。福利包括勞健保、退休金等。面試時，最好問清楚該公司是否具備各項基本員工福利。

有的人面試時不好意思談薪資福利的問題，擔心對方對自己有不好的印象，其實這是錯誤的觀念。如果對方不願意談，代表他根本沒誠意。

●了解應徵公司的目標

以賺錢爲目的的公司，前景受限，成不了氣候。以販賣僞劣商品，欺騙消費者的公司，在市場上無法立足。壓榨員工，給予不公平待遇的公司，無法留住人才。服務態度差，環境不好的公司，人氣不足。在上述的這些公司工作，根本無法實現自己的理想。因此，選擇公司要多方打聽。

19有伯樂，才有千里馬

曉明同時收到兩家公司的錄取通知：一家員工數千人的大公司和一家只有八個員工的小公司。結果，曉明選擇了小公司。他認為，雖然小公司工作條件差、待遇低，但老闆是個精明能幹且寬厚謙遜的人。在這種人下面工作，未來不可限量。曉明不像別人一樣「拿多少錢做多少事」，他盡心為公司效力。數年後，這家公司擴充到一百多人，曉明也如願昇至副總經理、第二股東，年收入超過百萬元。

遇到識才的老闆，升遷容易。反之，遇到無才的老闆，不僅升遷無望、前途渺茫，甚至連飯碗都不保。

●明辨老闆的特質，就能一展所長

遇到知人善任的老闆，可以避禍害，也可以有所發展。

漢末，曹操任兗州牧時，郡士高柔認為，陳留太守張邈遲早會背叛曹操，於是率鄉人遷河北，以免受刀兵之苦。後來，張邈果然起兵反曹。結果，張邈被殺，禍延多人，但高柔一家安然無恙。

大明軍師劉伯溫也是個善於識別老闆的人，他觀察陳友諒、張士誠等起義首領，認爲他們成不了氣候，只有朱元璋有一統天下之量，於是跟著朱元璋起義，遂成就功名。

●好老闆的特質

好老闆的六種美德是：

1、以仁德引導下屬，以規章治理企業。能體恤下屬的疾苦，洞察下屬辛勞。

2、遇困難不苟且逃避，不跟下屬爭功，不見利忘義。

3、勝不驕，敗不餒；賢明而謙遜，平易近人而不喪失原則。

4、隨機應變，備有多種方案。能轉禍爲福，臨危境能克敵制勝。

5、嘉獎勇於進取的下屬，懲罰怠惰的下屬。獎賞不逾時，懲罰不避親疏。

6、任用有才能的人，聽取建言，彌補自己的不足，絕不剛愎自用。

●壞老闆的特質

壞老闆的六種惡行是：

1、貪婪不知滿足。

2、嫉妒比自己賢能的人。

3、聽信讒言，重用小人。

4、不能知己知彼，遇事猶豫不決。

5、荒淫無度，沉溺酒色。

6、爲人奸詐，色厲內荏；言語狡詐，不依禮行事。

20不想吃悶虧就主動出擊

嘉華在某縣府工作，他多才多藝，工作勤奮，從不推辭額外加諸的工作。結果，越來越多繁瑣雜務落到他身上，整個縣府就他最忙。然而，他不善於阿諛奉陳，所以調薪、記功都沒他的份。嘉華覺得吃虧，卻不知道如何爭取自己的權益。

不稱職的老闆，在處理事情時，容易感情用事，私心重，不能公正地對待下屬。遇到這種「一碗水不端平」的老闆時，應該怎麼辦呢？

1、主動找老闆面談：老闆你的評價不公正時，千萬別只顧著生悶氣，這樣他會覺得你對他的評價沒有意見。你應該心平氣和地主動找老闆面談，了解他的評價標準，詢問你的不足處，請他明白指出你需要加強的地方。如果是他對你的了解不夠，你可以簡單自我介紹；如果老闆確實有不公正處，你可以記錄評價標準，與其進行溝通。千萬不要因為一次評價不公正，就大吵大鬧，這只會影響你的形象。當然，也不能默不作聲，否則只會常吃悶虧。

2、保持尊嚴：即使老闆喜歡下屬逢迎諂媚，你也不能「投其所好」。喜歡奴才而不喜歡人才的老闆，也只是把奴才當奴才使喚，並不尊重他們，而且奴才惡名在外，想再回頭做人才，難如登天。因此，要保持尊嚴，不能任意隨波逐流。

3、爭取與老闆合作的機會：有些老闆喜歡貪佔下屬的功勞，這種做法很不道德，但你又不方便直接點明，不妨參考下面的做法。

假設你正在寫一篇論文，又這篇論文對你而言並不是很重要，那麼你可以邀老闆參與，聽取他的意見。在進行的過程中若遇困難，也可以請他幫助。等到論文完成，可以加註他的名字。如此一來，就能避免他獨佔功勞，顧全他的面子，同時又能借助他的力量，何樂而不為呢？

萬一真的遇到想獨吞功勞的老闆，你只好義正嚴辭地告訴他：「大家都很清楚我費了多少心力完成。」巧妙地讓他知難而退。

4、防止「穿小鞋」（給人難堪）：在工作中，很容易因為一些小原因而得罪老闆，導致老闆讓你「穿小鞋」。面對這種情況，你該抱持何種態度呢？釐清事實的眞相。如果不是你與老闆有利益衝突，或你做了某些有損他面子的事情，他沒必要浪費力氣做這種無意義的事情。

老闆有冠冕堂皇的理由讓你「穿小鞋」，在他對你改觀之前，只能暫時忍氣吞聲。

如果你可以證明老闆惡意讓你「穿小鞋」，那麼不妨主動找他面談，心平氣和說明自己的理由。若老闆仍一意孤行，只好找適當的時機將此事曝光，接受公評，同時表明自己的態度，給老闆壓力，讓他日後不敢再憑喜好做事。

5、事後再解釋：無論你有多少理由，在老闆生氣時解釋，只是浪費口舌。不妨先給老闆一個台階下，等他冷靜下來，再找適當的時間解釋。當場力爭，等於是否定老闆先前的訓斥無理，讓他難堪。每個人都曾經爲了顧全面子而不認錯，你的老闆當然也有可能。如果你確實犯錯，就要主動跟老闆認錯，表示你沒有將他的話當成耳邊風。

反之，如果是老闆誤會自己，就一定要澄清。當然，說話要講求技巧，最好先承認自己有錯，接著再話鋒一轉，向老闆解釋眞相。

6、態度端正：無論老闆生氣是否有道理，他畢竟是老闆，必須保持其權威地位，否則他就無法領導下屬了。若你無意或無力「推翻」他，就只好維護他的威信。

有人曾經提出應對老闆生氣時的十種做法，值得借鏡。

1、不立刻反駁或憤然離開。

2、不中途打斷老闆的話爲自己辯解。

3、不表現出漫不經心或不屑一顧的態度。

4、不文過飾非，嫁禍於人。

5、不故意嘲笑對方。

6、不用含沙射影的語言給老闆錯誤的暗示。

7、不反過來批評老闆。

8、不轉移話題或假裝聽不懂老闆的話。

9、不故作姿態或虛情假意。

10、不灰心喪氣，避免影響工作。

21 能屈能伸，擺脫晴時多雲偶陣雨的老闆

維哲是個有抱負的青年，喜歡追求獨創性、成就感。然而，他的老闆卻是蠻橫獨斷的人，要求下屬按照自己說的去做，使得維哲覺得只有一雙手有用，腦袋只是擺設。他感到非常苦惱，想跳槽，卻又不甘心就此當「逃兵」，想扭轉局面，卻又不知道該怎麼做。直到有一天，他那當了二十年老闆的叔叔教他一套方法，才使他擺脫這種局面。那麼，他到底是用什麼方法呢？

老闆的閱歷不同，行事風格也不同。大部分的員工都希望遇到一個平易近人、知人善任的領導者，但是如果遇到的是難相處的老闆，該如何應對呢？

●與愛擺架子的老闆相處的技巧

擺架子的老闆總認為自己高人一等，不僅輕視下屬，還喜歡讓下屬眾星拱月似地奉承他。這是種淺薄的本質和小人得志的異常心態。

如果你的老闆是個架子十足的人，可以採取下列的做法：

1、不買帳。他端架子、打官腔目的在裝腔作勢，是想讓人絕對服從他。這時，你只要故作不在乎或假裝沒看見，大方、冷靜地，同時又禮貌得體地與之接觸，

他就無可奈何了。若他依然盛氣凌人，無禮待人，那麼你就「以其人之道，還治其人之身」，讓他也嘗嘗被侮辱的滋味。遇到不買帳的人，老闆的官架子是端不起來的。

2、少來往。除了必要的工作接觸之外，減少與老闆的往來。這種老闆就是覺得自己很重要，你越巴結他，他的架子端得越高。反之，故意忽視他，他也許會開始反省。

●與平庸的老闆相處的技巧

平庸的老闆都是無所作爲的人，他們總是抱著得過且過的心態，不喜歡改變。如果你是一個有理想、有抱負的人，遇到這種老闆確實會沒幹勁。這時，你不妨這麼做。

1、不苛求。如果老闆的平庸確實屬於自身素質的問題，那麼你就不必苛求，因爲你不能指望老母雞變成高飛的雄鷹。

2、適當誘導。再無能的人也有長處。老闆雖然平庸，仍有可取之處。建議下屬盡量找出他的優點，經常肯定並讚揚他，促使他發揮自己的特長。如果部門沒有成績，你就沒有功勞可言。輔佐平庸的老闆，提高績效，眾人都與有榮焉。

3、發揮自己的才能。正因為老闆平庸，才需要有才華的人輔佐他，幫他出主意。這時，能力強的下屬就應該抓住這個有利時機，發揮自己的才能，好好表現自己。如果劉備活得久，劉禪不當皇上，諸葛亮的名聲哪有這麼響亮？

4、做好升遷準備。如果平庸的老闆不干涉也不妨礙你，那麼你最好依照自己的想法，朝目標前進。千萬不要把前途寄託在一個人身上。

5、另謀出路。萬一你發現在平庸的老闆底下沒有前途，不妨可考慮轉到其他公司或部門工作。聰明人不會將房子蓋在沙土上。

●與聽信讒言的老闆相處的技巧

如果有人背著你在老闆面前打小報告，老闆可能會對你「另眼相看」。為了避免與其發生衝突，你可以採取下面的做法，澄清謠言。

1、將問題攤開到檯面上談。當老闆莫名其妙地疏遠你、在會議上不指名道姓地批評你，甚至故意製造難題為難你時，你應該鼓起勇氣主動找他談，問清緣由，說明眞實情況。一般而言，開誠佈公地說清楚，往往會收到較好的效果。

2、化被動為主動。如果知道是誰在打小報告，不妨在老闆沒找你談之前先找到他，澄清誤會，化被動為主動，說不定可以讓老闆改觀。

●與脾氣暴躁的老闆相處的技巧

作風強勢的老闆，脾氣通常比較暴躁。他們相當重視工作的過程，稍有不滿，就可能會對下屬咆哮或大聲斥責。該如何與脾氣大的老闆相處呢？建議從下列幾個方面著手。

1、預防。謹守本分，不拖延老闆交待的事，動作俐落。再者，事前做好工作的各項準備，說話委婉。能在這種老闆底下長期工作的人，通常做事都很有效率。

2、疏通。遇到老闆發脾氣時，最好的方法就是硬起頭皮洗耳恭聽。正確則心裡接受，無理則事後解釋。當面頂撞或火上澆油，對自己絕對沒好處。

3、規勸。很多人在發完脾氣後，容易後悔、自責，有些老闆同樣會爲自己不能控制怒氣而感到懊悔。下屬則可利用這個時機，委婉規勸，表示生氣對身體、對同事和工作沒有好處，請他要冷靜、理智。只要老闆有悔意，多半就會接受勸導。

●與獨裁的老闆相處的技巧

獨裁的老闆喜歡按照自己的意思辦事，聽不進下屬的反對意見，即使他是錯的，也照樣要求下屬按他的命令行事。萬一你遇到這種老闆，應該如何應付呢？

1、避免直接衝突。許多獨斷的老闆心胸狹窄、器量小，見不得別人比自己厲害，聽到不同意見就會不高興。如果下屬違背了他的意思，他就會給予嚴厲的懲罰。在這種老闆下面工作，很難堅持己見，否則後果不堪設想。建議以不動聲色的沉默面對他的專橫，讓他以爲你尊崇、聽命於他，博取他的信任，繼而放鬆對你的管束。

2、勇於說「不」。當獨斷的老闆提出過份的要求時，你應該毫不猶豫地說「不」，並解釋理由。

蠻橫的老闆當然無法接受下屬說「不」，這會讓他大受打擊，不過，若你能先禮後兵，坦白地說明拒絕的理由，就能減輕老闆的挫折感。即使他仍然不悅，但也不至於再有過份的舉動。

3、直接表達理念。即使老闆憤怒的吼叫會讓你畏懼，你也要清楚地告訴對方「我認爲應該這樣」或「我認爲不應該這樣」。

當然，語氣要委婉。這類型的老闆通常自尊心都很強，若你太強勢，只會火上加油，導致他在衝動之下做出不利於你的事。

4、借助輿論的力量。當你公開老闆的無理行徑時，就能有效遏止他的專斷作風，或迫使他不得不收斂。

●與妒才的老闆相處的技巧

嫉妒是人類的天性，輕微的嫉妒有助於激勵自己，過度的嫉妒則會促使人做出不當的舉動。

遇到妒才的老闆，有才華的下屬很難伸展，甚至前途無望。萬一你的老闆正是這類型的人，你應該如何應對呢？

1、樹立君子形象。在妒才型的老闆下面工作，只能將自己的聰明表現在業績上。表面上，要給人一種不以才高的印象，讓人感覺你只是一個與世無爭的謙謙君子。一個能幹而對人不具威脅的人，總是受歡迎的。

2、彌補老闆的不足。在老闆不精通的領域大顯身手，很快就能做出一番成績，引起老闆的重視，因為你是老闆完成其職責的重要保證。

3、淡泊名利。有了名又要利，勢必會遭到別人的記恨，甚至以你的弱點來貶低你的長處。因此，最好不要計較名利，即使是憑藉自己的努力才得來的成果，也要挪出一部分與老闆分享，營造一種他若害你等於是在害自己的印象。

4、體察上意。有才華的下屬容易引起老闆嫉妒，若要成就一番大事業，最好培養寬厚的胸襟，學習容忍並體察上意。

明智之舉是佯裝不知，不僅不計較老闆的嫉妒心，反而眞心誠意地協助他，增加他的實力。如此一來，可能就會澆熄他的妒火。

5、公開表示對老闆的尊重。老闆有時會嫉妒下屬，是因爲覺得自己的地位受到威脅。下屬的才華、業績、名聲等，都可能成爲對老闆權威的潛在威脅和挑戰。這時，爲了安心，他會不斷地找下屬麻煩，藉此打擊並削弱這些潛在的對手。

因此，下屬最好能夠做到使老闆「放心」、「安心」。其中一個方法是，在公開場合支持老闆，刻意突顯他的領導能力，並低調處理自己的業績，甚至不惜分一半功勞給你的老闆。一旦老闆感受到自己的權威，就不會想要打壓你了。

6、不逞強。嫉妒心強的老闆，一定有比你強的地方。適時讓他展現實力，可以博取他對你的信任。

7、尋求高層老闆協助。如果老闆心胸狹窄，不斷地對你施壓、打擊和報復，那麼你就有必要採取實際的行動提出警告，進行反擊。建議向更高階的老闆報告，尋求協助。這時，老闆爲顧及自己的名譽和權威，就不敢輕舉妄動了。

●與喜歡雞蛋裡挑骨頭的老闆相處的技巧

喜歡雞蛋裡挑骨頭的老闆，容易打擊下屬的自信心。無論你怎麼做，他都看不慣，總能挑出一堆問題。在這種老闆下面工作，經常感覺進退維谷。一旦遇到吹毛求疵的老闆，你應該如何應對呢？

1、當老闆交付工作時，你要問清楚他的要求、工作性質、完成期限等，避免發生誤解。

2、找出他對你的疑慮並設法解決。例如他懷疑你不尊重他，你就凡事向他報告；他懷疑你的能力，你就盡力做到完美。只要他在心裡認同時，自然就不會再雞蛋裡挑骨頭。

3、忽視老闆的挑剔，將工作擺在第一位，這是贏得老闆看重的基本條件。很多人遇到挫折就想逃避，但這並不是一勞永逸的解決之道。好老闆可遇不可求，若這份工作能夠滿足你的需求，例如豐厚的薪資、單純的工作環境等，那麼你就不應該輕易放棄。如果你想在事業上闖出一片天空，就絕對不要半途而廢，老闆的人品和工作是兩回事。

22 將老闆當成戰友，不做唯馬首是瞻的下屬

小鍾在一家廣告公司從事設計工作。他的工作能力不錯，但不是最強的。然而，同事們卻發現老闆對他的態度與別人不同，凡事愛跟他商量，完全把他當成自己人。半年後，小鍾被擢升，成爲資深員工的主管。所有人都很驚訝：小鍾不是那種喜歡阿諛逢迎的人，老闆也不喜歡別人討好賣乖。那麼小鍾到底爲什麼能夠受到倚重呢？

能否受到重用，與有無專業技能沒有必然關係，人際關係才是決定能否升遷的關鍵。如何維持與老闆間的好關係，是值得學習的技巧。

1、表現自己的重要性：讓老闆認爲不能缺少你，讓老闆透過你才能正確了解下屬的狀況。沒有人是眞正不可或缺的，除非你是老闆的「心腹」。

員工的作用在於幫助、協助老闆達成公司的目標。要做到這點，首先要認同老闆的事業目標和工作價值觀。老闆認爲公司應快速增長，你就不能一味的要求循序漸進；他向外發展，你就要守好大本營；他大刀闊斧，你就要做些繡花功夫。你可以提出與老闆相反的建議或堅持自己的意見，但最好委婉地以書面形式表達。對公司的事漠不關心，絕對不會被老闆重用。

2、避免鋒芒畢露：能成爲老闆，一定都至少具備基本的實力。其中，有些老闆的疑心病重，可能是曾經有人背叛他，或是知恩不報、過河拆橋。時間一久，他們當然會對人失去信心，也不敢對人推心置腹。這類型的老闆遇到能力比自己強的下屬時，容易感到不安。他們認爲下屬永遠是下屬，永遠差自己一截。因此，當你的能力遠勝於老闆時，切記不可鋒芒畢露，以免惹禍上身。

3、虛心接受批評：被老闆斥責時，要先知道他爲什麼罵你，等到釐清原因之後，再思考應對的方法。接受批評時，態度要誠懇，從批評中學習成長。大部分的老闆都不喜歡下屬把自己的話當成「耳邊風」。如果你對老闆的訓斥置若罔聞，依然我行我素，那麼下場會比當面頂撞更糟，因爲你的眼裡根本沒有他。即使是不合理的批評，也有值得反省的地方。如果你眞的不服氣，可以私下解釋，切忌當面頂撞。尤其是公開場合，不僅你下不了台，也會讓老闆難堪。一旦老闆喪失威信，就無法服眾，無法領導其他人，自然就會迫使他排擠你。其實，只要你坦然接受批評，老闆可能反而會產生歉疚之情。

4、盡忠職守：當老闆委派工作時，要先了解目的，再選擇適當的做法，避免徒勞無功。

任何事情都要做到完美無缺才呈報給老闆。若無法在限期內完成，應該預先告知老闆。千萬不要等老闆告訴你應該怎麼做，雖然有人會故意出錯而讓老闆有機會出言指正，滿足其虛勞心，但這是扭曲人格的做法，不符合工作效率，而且會拖延達到目標的時間。

與老闆保持密切的溝通，提出簡潔有力的工作報告，避免以繁瑣的問題打擾他，當然，重要的事情還是要徵詢他的意見。耐心尋找老闆的喜好，以他喜歡的方式完成工作，不要逞強，更不要急於表現自己。老闆不笨，也不會不識好歹，總有一天，他會肯定你的付出與努力。

5、主動親近老闆：很多人習慣對老闆敬而遠之，這是缺乏自信的表現，對自己的前途也沒有幫助。你站在暗處，怎能期望別人發現你呢？最好找機會主動去親近他們，經常向他們打招呼，交流彼此的想法。大部分的老闆看起來大方，實際上卻很纖細。他們的能力強，個性也比較倔強。雖然你不必懼怕或卑顏求歡，但也不可刻意排拒。

此外，要注意的是，按照字意理解老闆所講的話，無法體會他的眞意，他的話語可能帶有某種暗示。例如老闆說：「好冷啊！」不見得是想告訴你天氣狀況，而是請你「打開暖氣」。

6、積極找事做：不要只做份內的事，盡量多接觸其他領域的工作，藉此提高自己的價值。就算困難重重，也要盡力去做。唯有把公司的事當成自己的事，老闆才會託付重任。不過，即使是老闆，也有不擅長的工作。如果你能自告奮勇，一定會讓他印象深刻，以後有事自然就會想到你。

另外，在做某件事情前，應該先向老闆報告。在工作的過程中，也不要把老闆晾在一邊，最好隨時主動報告進度。即使與更高一級的管理者接觸，也一定要事先知會自己的直屬老闆。

第二章　善用小技巧，化解職場上的人際障礙

23 工作夥伴是值得投入經營的資產

裕成做事勤奮，認眞負責，總是盡心盡力完成分派的工作，深得老闆信任，老闆經常公開誇獎他。然而，他不善於溝通，很少跟同事來往。同事都認爲他走「高層路線」，只會拍老闆的馬屁，瞧不起小老百姓，不時在工作中扯他後腿。裕成感到很苦惱，反覆自問：「我並沒有得罪他們，他們爲什麼要跟我過不去呢？」

你可能曾經有這種疑慮：老闆對你不錯，你也很努力工作，但卻經常感到力不從心，彷彿有一隻看不見的手在暗中扯你後腿。如果眞的遇到這種事，應該是你和同事之間的關係出了問題。

在現在的管理體系下，想靠老闆一句話獲得加薪或升遷的可能性不大，不只要做出一番實績，還要重視同事們的口碑。再者，你做任何事也都需要其他人的協助，所以一定要與同事維持良好的關係。

●分工合作的優勢

分工合作是成功的定律。同事間存在利害衝突，不代表就是水火不容的關係。彼此之間應該既有競爭又有合作，而且合作大於競爭。只有分工合作，才能在競爭中勝出。這是一種看似矛盾其實並不矛盾的辯證關係。

那麼是否眞的心無芥蒂，眞誠合作，有才華的人就能從中脫穎而出呢？其實不是如此。脫穎而出的通常不是有才華的人，而是善於處理人際關係、樂於與人合作的人。因爲同事之間根本不可能做到心無芥蒂，尤其是那些有才華的人，一心想往上爬，不一定就會幫助不如他的人。只有極少數的人願意與他人合作，所以他們可以成爲眾人中的佼佼者。因此，你願意拋掉狹隘的自私心理，樂於與人合作，還是強調競爭，淪爲失敗的一群呢？

●人際關係是事業的基礎

在工作和生活中，每個人都會遭遇挫折。同事有困難，可能是機會，也可能是陷阱。如果你幸災樂禍，袖手旁觀，將來他也會以其人之道還治其人之身；如果你及時伸出援手，助他一臂之力，那麼等到你有需要，他也會幫助你。

有些人對人際關係冷漠，不積極與同事交流，而有些人則過於汲汲營營，刻意拉攏有權有勢的人，形成小團體，自以爲這樣就可以高枕無憂。事實上，他們都錯了。雖然不能忽略人際關係，但也不能太功利。前者容易跟同事疏遠，後者則容易招妒。

凡事爲人著想，關心別人，有助於培養自己的人氣，穩固事業的基礎。人際關係是發展事業的強大資本。

●退一步海闊天空

「人要臉，樹要皮」，沒有人喜歡聽別人指正自己的缺點。心直口快的人說話不經大腦，當然會得罪人，甚至讓人不惜當場撕破臉。

然而，在與同事相處時，要記住這句話：忍一時風平浪靜，退一步海闊天空。這是老掉牙的話，但確實有很多人因爲這樣而走運。寬容可以消除彼此之間的怨恨，原諒可以創造一個輕鬆自在的工作環境。相互猜忌、扯後腿，會變成無形的壓力。

唯有謙讓、忍耐，才可以平息惡性的爭鬥。如果你能做到這點，自然可以鶴立雞群。

●退還「高帽子」

你可能會碰到這樣的事：某位同事似乎對你特別信服，常常會當眾給你戴高帽，例如說「你眞棒，什麼事交到你手裡，一定能順利完成」、「這件事絕對不能交給別人去做」等諸如此類的話。

不過，請別高興得太早，很多人就是這樣被「捧殺」的。即使你確如他所說的能幹，但別人聽起來卻可能會很刺耳。當你將他們比得一文不值時，他們就會故意雞蛋裡挑骨頭，經常挑你的毛病。你能保證自己絕對不犯錯嗎？一旦成爲眾矢之的，日子就不好過了。另外，那個誇獎你的人究竟是何居心？他可能居心不良，使的是老子所說的「將欲弱之，必固強之」之計，製造你高不可攀的形象，讓其他人看不順眼。當然，他也可能只是不識時務，還以爲在幫你。記得，當有人送你高帽時，最好婉拒：「你過獎了，這件事由甲或乙去做，可能做得更好，我並不比他們強。」

如果你想經營好人際關係，就要學會察顏觀色，分辨別人是否明裡陪笑、暗裡動刀。千萬不要因爲他人幾句恭維的話就樂不可支，否則容易樂極生悲。

●了解公司的派系鬥爭

公司越大，人際關係越複雜，容易產生「派系」問題。大部分的老闆都希望得到下屬的支持，最後導致新進人員也捲入派系鬥爭中。應對進退確實是一門高深的學問。哪個老闆眞正看中自己的才華？哪個老闆能使自己的才華得以發揮？一旦「遇人不淑」，抱負就難以伸展了。

不過，在做判斷之前，必須先了解公司內部的人際關係。這可以透過公司的集體活動窺知一二。當然，多跟同事交流也是一個好方法。掌握這些資訊的目的不是要不擇手段打入某個團體，而是要避免捲入不良團體。

24 優秀的人才不會輕易倒在刀槍下，卻很容易成為舌頭的犧牲品

小薇漂亮大方，口齒伶俐，剛進服裝公司不久就被擢升爲總經理助理。辦公室主任小馬十分嫉妒，一有機會就在總經理面前說她的是非。小薇知道後，認爲只要自己腳踏實地，光明正大，就不怕別人打小報告。此外，她不僅沒有反擊，反而經

常在總經理面前誇讚小馬。後來，小馬得知小薇的所作所爲，甚感內疚，再也不打小報告了。

工作時，難免會與人有利害衝突，甚至得罪人。如果你得罪的是氣量狹小的人，就不得不防他在老闆面前搬弄是非。

1、以「補藥」對付「毒藥」：別人說你壞話，你就說對方好話。無論是老闆或同事，都可以這種方式應變。如此一來，大家反而會覺得你的道德高尚，打小報告的人心胸狹窄。

此外，當你懷疑某人在背後打你的小報告時，千萬不要輕舉妄動。暫時不動聲色，確定是否眞的有這回事，萬一冤枉好人就不好了。別人不外乎是針對你的工作能力、責任問題、守本分與否等方面攻擊你。只要你盡忠職守，老闆就不會聽信別人對你的批評。

2、以公開對付黑箱作業：將情節重大、顚倒是非的惡劣行徑公諸於眾，讓輿論公評，同時揭露流言蜚語，貶抑卑劣的行爲。例如主動公開事實的眞相，與打「小報告」的人對質，澄清各種不實的指控，引導大家比較事實與謠言，所謂公道自在人心。

如果你不方便自己跳出來解釋，不妨找一個可靠且值得信賴的人替你出面解套。有時利用第三者來對付這種人，反而可以給人實在的印像，避免越描越黑的風險。

3、以正道對付謠言：愛打小報告的人，通常是利用你的一點把柄，再加以無限誇大並猛烈攻擊。因此，只要你待人處事都實事求是，胸懷坦蕩，公正無私，那麼別人就會尊重、相信你，不會聽信小人的一面之詞。這是避免被人打小報告的根本做法。

25 菜鳥守本分，老鳥就無法趁隙而入

小張剛畢業，進入一家車廠工作。有一天，主任問他，公司要求加工兩種型號機床配件，時間緊迫，應該如何安排。小張表示，最好充分發揮各種設備加工的能力，同時生產兩套配件。主任採納他的建議，並讓他著手組織生產。然而，在配件加工過程中，主任又突然告訴小張，其中一種零件應提早交貨，但無法更改生產計畫，結果只能眼睁睁延誤交貨時間。廠長震怒，要追究主任的責任，主任卻把責任

全推到小張身上，並無中生有地說他並不同意這種安排，完全是小張自作主張。結果廠長扣了小張半個月的薪資。小張沒有證據，有苦說不出。

剛進入職場的社會新鮮人，經常會被人利用而不自知。這種情況屢見不鮮，到底應該如何應付呢？

●釐清責任歸屬

援助別人於急難是應該的，但還是要考慮到後果，不能無條件地承擔責任，無論是幫助誰。事有大小，責任也有輕重。有的人習慣替老闆「背黑鍋」，等到遭受嚴厲的懲罰，後悔也來不及了。爲了防患於未然，平時就應該釐清工作範圍，各司其職。

不要以爲替老闆「背黑鍋」就會得到好處，「好處」應該光明正大地去爭取。利用「背黑鍋」的方式去換，既不光彩也不一定可以撈到好處。老闆也許能給你些微好處，但比起「背黑鍋」所受的損害根本就微不足道。

即使日常生活中發生的都是雞毛蒜皮的小事，也要謹慎應對。要懂得保護自己的利益和名譽。有些人經常會求人幫忙出主意，他們表面聽從別人的建議，按照別人的意思行動，但卻不負責任。對這種人，千萬要提高警惕，特別是當他主動徵詢你對某事的看法時，要注意「陷阱」。

●釐清對方的真實意圖

在人生的道路上，做任何事都會遇到很多種人，社會新鮮人更要懂得辨別是非，從身邊人的言行舉動辨識好壞。

一般而言，被別人當槍使的人，都有分析能力不夠、辨別是非能力差、抵制力差等特質，這種人往往處於被動的地位，而主動的人則躲在暗處，操縱別人替他做些不便拋頭露面的事，說些想說又不便在明處說的話，這樣既能保護自己，又能達到目的，可謂一舉兩得。

生活不是一個眞空的環境，職場上充斥著各種矛盾，例如加薪、陞遷等利益衝突。從利益的角度看人，比較容易看得清。

26別讓私人感情影響工作，要與同事風雨同舟

文輝個性倔強，不輕意向人低頭，畢業後進入一家電腦公司工作。他的技術熟

練，又具有管理天分，很快就被擢升爲機房主管。最近，他和主任發生爭執，二人旗鼓相當，誰也不怕誰。有一天，主任要文輝安排人打一份重要文件。文輝不買他的帳，故意拖著不做。後來，總經理要帶文件去參加一個重要會議時，發現資料不齊，不禁大發雷霆，斥責主任和文輝，並表示要炒他們魷魚。

在同一間公司工作，本來就無法避免衝突或意見不合。這時，你應該如何應對呢？

1、放棄成見：衝突通常都起因於某一具體事件，但事件完結後，矛盾卻會烙印在彼此的心中，影響到原本的和諧。然而，這樣是無濟於事的，甚至會牽連其他無辜的人，導致業績低迷，損及眾人的權益。因此，一定要對事不對人，不爲過去的事耿耿於懷，豁達的態度是人際關係最好的潤滑劑。

即使對方對你有成見也別在意，因爲你與他之間的來往僅止於工作關係，而非朋友之間的友誼和感情。雙方有矛盾沒關係，只要工作沒障礙就好了。工作涉及雙方的共同利益，成功與否很重要。總之，只要達成共識，就不會影響業績。

2、主動釋出善意：與同事發生爭執後，不妨主動拋開成見，善意地回應。

如果是比較難以化解的誤會，你就要主動找對方溝通，確認你是否不經意間做了得罪他的事。當然，要以眞誠希望與對方和好爲前提。不要像有些人表面上講和，實際上卻強硬地陳述自己的觀點，推卸責任。衝突多半因競爭而起，然而，在競爭中勝出的，通常是那些重視分工合作，而不是惡意打壓對方的人。

3、避免與老鳥正面交鋒：資深的同事一定有一些交情好的人，得罪他一個，等於等罪一批人。和老鳥發生爭執時，千萬不要當場吵架，最好等雙方都冷靜下來再解決。客觀地陳述理由，由對方判斷對錯。如果你眞的做錯，就要誠懇地道歉。眞心認錯，可以塑造良好的形象。

萬一遇到冥頑不靈、執意不肯和解的人，也不要太在意，畢竟問題不在你身上，你只要謹守本分地工作就好了。

27 話到嘴邊留半句，理從是處讓三分

麗麗自尊心很強，卻遇到一些粗枝大葉又沒禮貌的同事，她很看不慣他們的行爲舉止。某個下雨天，一位女同事有事外出，拿起麗麗的傘就走。麗麗心想：「怎麼不說一聲就隨便拿別人的東西，太過份了！」她忍住氣說：「妳好像拿錯傘了

吧？」女同事回答：「我忘了帶傘，只好借你的用一下囉！」「妳好像沒跟我說要『借』。」「哎喲，還用得著說嗎？我的東西還不是誰愛用就用？」麗麗冷冷地說：「借我的東西就得說『借』，我不同意，誰也不准拿。」沒想到，這件小事改變了麗麗的處境。幾位同事再也不願意理她，不知情的老闆經常提醒她注意與同事之間的關係，根本不聽她的解釋。麗麗忿忿不平地想：「我只不過是在維護自己的權利，難道這也錯了嗎？」

在工作或生活中，我們難免會遇到得罪自己的人。這時，應該如何應對呢？是針鋒相對，以怨報怨，還是寬容爲懷，原諒對方？

●讓人一步路自寬

人生有如走路，總會遇到道路狹窄的地方。這時，最好停下來，讓別人先走。只要保持這種想法，就不會對生活有那麼多抱怨了。即使終其一生讓步，也不過百步而已，對人生能造成多大的影響呢？你讓人一步，別人心存感激，也會讓你一步，這一步可能就是通向康莊大道。反之，事事不讓人，別人心懷怨退，就會設法阻礙你，那麼即使一條大路，也會充滿險阻。人與人之間貴乎交心，誠心換來的是眞情。

再者，得饒人處且饒人。有些人無理爭三分，得理不讓人；有些人眞理在握，得理也讓人三分。前者往往是生活中不安定的因素，後者則具有一種天然的向心力。若是重大或重要的是非問題，値得有原則地追求眞理，但在日常生活中、工作中，爲一些雞毛蒜皮的小事鬧得雞飛狗跳，未免太小題大作了。

別人願意和你在一起，一定是你有値得親近的特質；別人討厭你，也一定是你有讓人討厭的特質。因此，發生衝突時，不要一味地指責別人，要先反省自己的言行是否有不妥的地方，是否對別人造成傷害。經常反省自己，胸懷自然寬敞。

●傷人不要傷心

戰國時代，有一個叫中山的小國。有一天，中山的國王設宴款待國內的名士。當時正好羊肉湯不夠了，無法讓在場的人都喝到。沒有喝到羊肉湯的司馬子期感到很沒面子，結果懷恨在心，到楚國勸楚王攻打中山國。中山很快被攻破，國王逃亡國外。就在他逃走時，發現有二個人拿著武器跟在他後面，於是問道：「你們想幹什麼?」二人回答：「從前有個人曾因得到您賜予的一點食物而免於餓死，我們就是他的兒子。父親臨死前囑咐，無論中山以後出什麼事，我們都必須以死報效國王。」

中山國王聽後，感歎地說：「仇恨不在乎深淺，而在於是否傷了別人的心。我因爲一杯羊肉湯而亡國，卻因爲一點食物而得到二位勇士。」

人的自尊心比金錢更重要。一個人失去少許金錢尚可忍受，自尊心受到損害，卻可能殃及無辜。說者無心，聽者有意。無心的一句話，可能會傷害到別人，甚至爲自己樹立敵人。因此，平時一定要謹言慎行。

●避免鋒芒畢露

每個人都有好勝心，與人交往時，應重視對方的自尊心，抑制自己的好勝心。好勝心太強，不尊重別人的才能，可能會招致不必要的麻煩。

從前有某顯宦，喜歡下棋，自負無可相匹敵之人。某甲是他門下的一名食客，一次與某顯宦下棋，一開始就咄咄逼人，逼得顯宦心神失常，滿頭大汗。某甲見對方焦急的神情，格外高興，故意留一個破綻。某顯宦誤以爲可以轉敗爲勝，誰知某甲突出妙手，局面立時翻盤。某甲很得意地道：「你還不認輸嗎？」顯宦遭此打擊，心中鬱悶，起身就走。雖然顯宦有良好的修養，胸襟寬大，但也受不了這種刺激，自此對某甲就有了成見，而某甲則不懂爲什麼顯宦不再與他下棋。後來，顯宦爲了這個原因，始終不肯提拔某甲。某甲鬱鬱不得志，以食客終其一生。忽略對方的自尊心，克制不住自己的好勝心，小過鑄成了終身的大錯。

遇到必須取勝、無法讓步的事時，也要留餘地給別人。就像下圍棋一樣，「贏一目是贏，贏一百目也是贏」，只要能贏就行了，何必讓對方滿盤皆輸？又如與人爭辯時，以嚴密的辯論將對方駁倒固然令人高興，但也沒必要將對方批評得體無完膚。這麼做不僅對自己沒有好處，甚至會自食其果。與別人發生摩擦時，要先釐清對方的想法，然後在顧及對方顏面的前提之下，陳述自己的意見，留餘地給對方。

第三章 隨時隨地充電，把握致勝契機

28完美的履歷是職業護照，讓你在各行各業暢行無阻

小趙空手去一家報社應徵，於是老闆拿出一份履歷表讓他填寫。小趙沒有多少工作經歷，寫簡單怕不能引起別人的重視，寫詳細又怕費時太多，讓人家久等，最後只好草草交稿。由於應徵的人太多，老闆忙著接待別人，只瞥一眼小趙的履歷就說：「你先回去，我們決定後會通知你。」結果小趙等了一週都沒下文，打電話去問才知道，原來對方已經找到人了。

無論你已有豐富的工作經驗或是踏出校門，在跳槽或找工作之前，要先下工夫準備一份完整的履歷。

●突出「賣點」

履歷的內容包括年齡、婚姻狀況、宗教信仰、得過的獎勵、個人嗜好等，但不需將所有內容都詳列其中，除基本情況非寫不可外，其他內容除非與你的職業有密

切關係或確實能帶來好的效果，否則都應予以刪除。總之，要提供一目瞭然的訊息和能夠吸引人的資料，也就是所謂的「賣點」。什麼是「賣點」呢？例如會計、編輯等要求精確的工作，做事細心就是賣點。若是企劃、圖文設計等需要創意的工作，創意就是賣點。你可以根據工作性質來決定「賣點」，並強化這項特質。當然，如果你根本不具備某種工作需要的條件，也不宜浮誇，否則即使勉強錄取，也很難做得順利。

●撰寫履歷的技巧

首先要註明應徵職位。有些人在寫塡履歷時，會在職位欄裡寫上好幾項，以爲這樣機會更多。事實上，這只會造成反效果。如果連你自己都不知道想做什麼，對方怎麼會放心錄取你呢？因此，你應該開門見山地表明自己想從事哪種工作或職位。其實寫履歷就是爲了獲得面試機會，爲了讓未來的老闆了解你的目標，所以你應該清晰且明確地表明意向。

如果想轉行，那麼選擇就更多樣化了。在這種情況下，你可以在履歷開頭先簡短的自我介紹，讓別人盡快掌握你的專長。

接下來塡寫實務經驗。實務經驗在履歷中佔有相當重要的地位，某家人力銀行公司的高級顧問認為「老闆會藉由你過去的工作成績評價你的能力」。換句話說，如果你能使對方相信你過去的實務經驗，就能夠使他們認同你的價值。因此，一定要發揮想像力，創造一些畫龍點睛的「賣點」，讓別人留下深刻的印象。

如果你剛畢業，沒有工作經驗，那麼不妨寫幾件經歷過的事情，藉此證明自己具有某方面的特質。當然，更應表明自己願意接受培訓，想盡快融入公司體制的態度。

此外，你最好在履歷的最後註明你的學歷及社團經驗。國立大學畢業的學生通常喜歡在履歷中寫上自己的學歷。如果你不是應屆畢業生，最好不要這麼做。因為別人想看的不是你的學歷有多高，而是你本人的能力如何。

●避免使用專業術語

切記，要讓「外行人」也能讀懂你的履歷。

多年從事專業工作的人，習慣用專業術語表達自己的想法，但這反而會讓一般人更加混淆。如果你希望自己的履歷能被大眾接受，最好不要在履歷中出現「專業術語」，它們只會帶來不必要的麻煩。

擬好履歷後，建議請值得信賴的人檢視有無問題，但是千萬不要請人代寫，要用自己的語言表達，畢竟參加面試的人是你。再者，你不是在寫論文、報告，不必爲自己所做的每件事做總結，你要做的是找出某些重點。因此，履歷的篇幅不宜過長，最好不要超過二頁。

掌握前述的技巧，你的履歷一定會爲你帶來更多面試的機會，而不會像其他履歷一樣被任意丟棄在廢紙簍裡。

29 好的開始是成功的一半

大學苦讀四年，凱馨終於畢業了。她的起步還算順利，進入一家人人羨慕的大企業工作。然而，從上班的第一天起，她就發現工作與以前想像中的差距甚遠，而且她很快就知道每個人都有自己的圈子和小集團，他們經常會明爭暗鬥。凱馨困惑萬分，在這種環境中，要如何施展自己的抱負呢？

來到一個新的工作崗位，卻環境完全變了。在這裡你沒有朋友、熟人，也沒有影響力，一切得從頭開始。在這種情況下，應該怎麼起步呢？

「好印象」是最好的裝扮

一般而言，就職前要先對自己即將接手的工作做一番了解。無論是否滿意，既然已成定局，不妨欣然接受。再者，到了新環境，你在觀察別人的同時，別人也同樣在觀察你。只要誠懇相待，不虛僞造作、不譁眾取寵，就能給人好印象。

在辦公室或行進間，若遇到同公司的人，都要主動且有禮貌地與對方打招呼。一起工作時，說話也要得體，像「對不起」、「請」、「謝謝」之類的話，要經常掛在嘴邊。運用得宜，會收到神奇的效果。

少說多做

菲律賓有句格言：「閉口則蒼蠅不入。」仔細推敲，不無道理。剛到一個新環境，對那裡的情況知之甚少，只怕言多必失，還會給人不好的印象。最好的辦法是「閉緊嘴巴，少說多做」。

再者，要留心觀察。禿鷲撲食時，會先在空中盤旋，耐心觀察，然後看準時機撲向獵物。獵人狩獵時，會先查清動物行蹤，才決定在何處做陷阱。剛走馬上任的人也是如此，應該留心觀察周遭的人事。觀察是爲了掌握狀況，避免繞遠路。觀察要眼耳並用，將你看到的和聽到的匯整起來，在頭腦中歸納出雛形，再決定下一步該怎麼走。

走馬上任的第一天，你最好就要辦妥每件事，擴大你的影響力，才能在新公司佔有舉足輕重的地位。

30 不打腫臉充胖子，要勇敢說不

文華從某國立大學中文系畢業後，進入一家出版社擔任文字編輯。他擔心老闆認爲自己能力不足，對老闆的工作安排，總是回答「沒問題」，但經驗不足，做起來總覺得非常吃力。有一天，經理問他能否在十五天內編出一本教育方面的書，他又不假思索地說：「沒問題。」然而，他從未編過這類型的書，爲了搶時間，書的架構未齊全之前，就草率地開始編排，結果錯誤百出。經理一氣之下，立刻炒他魷魚。

很多人爲求表現，無論老闆提出什麼要求，也不管自己是不是有能力做到，總是照單全收，結果卻搞得灰頭土臉，反而讓老闆留下不好的印象。因此，有幾分力就說幾分話，千萬不要自我膨脹。

●考慮後果，衡量自己的能力

先聽完老闆交待的事情，再決定是否拒絕。一般而言，急於說「不」或「但是」的人，可能對自己的工作非常熟練，甚至比老闆更為了解，只聽到兩、三句提案的內容，就立刻明白問題的重點，然後有意無意地想插嘴，表現「拒絕」和「否定」的態度。這會讓老闆覺得－你根本沒聽懂我想要你做什麼，你不是想拒絕這件事而是想拒絕我。此外，話說到一半就被打斷，會影響說話者的情緒，讓人感覺不快。

想要說服別人，就要聽清楚對方說的話，從而掌握說服的要點。因此，在拒絕之前要先聆聽。聽完問題的所有內容，再掌握拒絕的要點，比較容易說服老闆。

冒然承接工作，很難預測會導致何種後果。一旦自己無法完成，勢必要替其他人帶來麻煩，甚至影響工作進度。當然，就算能力不足，也不能抱著船到橋頭自然直的想法，要盡快找方法解決。

●委婉並堅定地拒絕

不要因為怕老闆不高興就不敢拒絕，這樣容易養成畏縮的個性。雖然直接說「不」可能會讓懷疑你的動機，但是與其事後問題百出，不如先表明自己的意願。不過，不能因此就拒絕接受難度較高的工作，難度高不等於無法完成。害怕挑戰，只會固步自封。

另外，拒絕時要注意語氣。很多人在找藉口時會吞吞吐吐，語調也會變得低沈。這種態度反而會讓老闆更質疑你。因此，說明拒絕理由時，務必口齒清晰，說話節奏保持明快。當然，語氣盡量委婉，不可與老闆敵對。

表態後則要堅持自己的決定。表面柔軟，內心堅定。不要被老闆的各種說詞動搖意志。如果你三言兩語就被說服，反而會讓人覺得不可靠。

最後，展現誠意也是拒絕的方法之一。例如表示不敢接受任務是怕影響工作進度等，與老闆站在同一陣線，迎合他的想法，有時反而更容易達到拒絕的目的。

31大方接受批評，聰明彌補缺失

惠君大學畢業後，進入一家化妝品公司工作。她很珍惜這個工作，做事相當認眞。有一天，經理請她準備一份資料，她加班將資料列印出來，直到認爲完美無缺才呈交給經理。然而，她經驗不足，資料中有許多漏洞。經理看完很生氣，指責她不夠認眞。惠君委屈得流下眼淚，第二天就提出辭呈了。

工作時被老闆責罵是很正常的事，問題在於你要如何面對這些批評。是情緒化地排斥它？建設性地運用它？還是理智地拒絕它？

●釐清批評的重點

被罵的原因有很多種，有的是惡意，有的則是出於一片善意。雖然批評是一種負面的溝通方式，但是有助於提供資訊、發現錯誤、修正缺點。你可以接受或拒絕，若是出於善意，不妨接受它。具有建設性的批評很容易分辨，可以透過對方的用詞、情緒、態度等來判斷。

不過，在別人提出批評時，一定要聽完對方的話，取得完整的資訊，然後再說明自己的看法。在對方說完之前千萬不要插嘴，否則會讓人以爲你沒有接受批評的肚量。

●應對批評的態度

有些人被罵時會充耳不聞，當成耳邊風，有些人則會爲自己辯解，甚至反唇相譏，推卸責任。這些做法都無濟於事，反而會讓人留下不好的印象。因此，當被老闆責罵時，應該先檢視自己的缺點，有則改之，無則勉之。做錯事就要勇於負責，一味的推卸責任只會影響老闆對你的信任。

不過，不必對老闆的批評照單全收，你應該比他更清楚自己的對錯。如果對方沒有證據，你可以否定他的話，千萬不要因爲畏懼對方的對位而忍氣吞聲，這樣只會造成惡性循環。

此外，很多人被罵的當下反應是憤怒或沮喪，但這無濟於事，不妨先深呼吸，找其他的事做，暫時轉移注意力。例如散步、打球或聽音樂。等心情平靜下來，思路清晰後，再去思考問題的癥結點。當你一時難以釐清對錯時，可以從批評者的身分或專業來判斷是否具有可信度。當然，你也可以先捫心自問，其他人是否對你有相同的看法。如果同事和老闆的意見一致，那可能就代表你眞的有錯。倘若這樣都還無法判定問題所在，建議請對方給你一點時間整理思緒，避免發生不必要的衝突。

32 提高自己的競爭力才能鶴立雞群

恆毅和浩平在大學時是室友，畢業後一起到某家廣告公司擔任平面設計師。恆毅積極融入公司的氛圍中，並努力累積設計經驗。浩平則趁機玩樂，彌補在校苦讀時失去的休閒時光。在接下來的三年中，恆毅拿到藝術學院的進修文憑，臨摹過數千幅經典設計作品，並向數十位設計專家請益設計技巧。浩平則遊遍各地的名勝古蹟，交過三個女朋友，參加過數十次舞會。後來，恆毅成爲這家公司的副總經理，而浩平依然是一個小職員，如果不是恆毅，他早就保不住飯碗。

「學如逆水行舟，不進則退。」不隨時充實自己，很快就會淪爲爭鬥下的犧牲品。那麼該如何提高自己的競爭力呢？

1、把握機會：知識廣博、經驗豐富、積極進取的人，遠比庸庸碌碌的人容易獲得機會。社會新鮮人只要抓住寶貴的學習機會，提高自己的專業素養，總有一天會成功。某位商業鉅子說：「我的員工，沒有一個不是從最基層做起的的。常言道：『有益於工作，就是有益於自己』。如果所有的社會新鮮人都能記住這句話，一定前途無量。」

2、盡力而爲：成功的企業家多半是不求甚解、意志堅定的人，他們凡事要求完美，務求成功。因此，初出茅廬的年輕人想要成功，就要確實投入自己的工作，實事求是，而且要細心觀察，深入研究。

許多社會新鮮人的毛病是喜歡避繁就簡，遇到困難畏縮不前。就像打算佔領敵人陣地的士兵，卻不願動手去破壞敵人的炮台一樣，最後必定會被敵方打得落花流水，無處藏身。唯有不拒難易，勇往直前，才能獲得成功。

3、人在心在：西班牙有句俗話：「人在心不在，穿過樹林不見柴。」有些人總是不關心眼前的事物，在某個領域工作多年仍是門外漢，他們的心思不是放在薪資上，就是想著另一份工作。坐這山望那山的心態，根本不可能把工作做好，更不可能學到東西。反之，工作認眞投入的人，只需幾個月就對相關業務瞭若指掌。

在同樣的起跑點上，想要勝出的基本條件之一，就是「用心」。

3 3擺脫競爭的痛苦，良性的競爭是成功的原動力

如月在一家公司工作好幾年了，她覺得自己工作認眞，就是得不到重用。最近，一位工作時間和能力都不如她的同事得到了提拔，讓她心裡不平衡。於是她遞出辭呈，想藉此引起老闆的重視。原以爲老闆會挽留她，沒想到他竟然立刻批准，

導致她進退兩難。

競爭有正面的激勵作用，也有負面的消極作用。如果不想辦法解決，日積月累，必然產生不良影響。如何克服競爭壓力呢？可以嘗試下列幾種方法。

●破除「比較」的迷思

痛苦往往是比較而產生的。如果你總是跟那些比你陞遷快、生活優沃的人比，當然會產生難以塡補的心理落差。每個人都有各自的成長條件，無從比較。要比，就跟自己比。若你的能力比去年強，經驗更豐富，收入也更高，代表你有所精進。

事情不成功，不肯承認自己有不成功的客觀條件，反而利用各種藉口搪塞，這樣只會增加自己的心理壓力。成功是有條件的，條件不足，就去準備條件，不要怨天尤人。

很多人做事不順，就會嘆氣：「這是命，有什麼辦法？」這種認命的態度不可取，但承認不足的方法卻有可以借鑒之處。

●做好失敗的心理準備

社會新鮮人千萬不要爲一些小事鬧情緒，更不要一有委屈就想跳槽。容易鬧情緒的人，到哪裡都不會開心。憑一時衝動做出不明智的決定，吃虧的還是自己。

悲觀失望的人在挫折面前，容易陷入不能自拔的困境。樂觀向上的人即使在絕境中，也能看到希望。在競爭的過程中，難免會有挫折和壓力，不妨坦然面對，設法解決，將大事化小，自然能夠順利地度過人生各個難關。

再者，人的智力有限，不能料事如神，失誤和失敗是正常的，所以我們做好承受失敗的心理準備。不過，不能以「人無完人」的理由原諒自己，而應吸取失敗的教訓，繼續前行，勇敢競爭。

●適時宣洩壓力

是非對錯當然要釐清，但在日常生活、工作原則等方面，卻無需過分認眞，應有所彈性。某位職場達人談到他保持快樂的職業生涯秘訣時，只說了兩個字：彈性，也就是具有適應各種情況的能力。

競爭壓力大時，可以找值得信賴、善解人意的朋友傾吐。聽從旁人的建議，也許可以找到消除壓力的方法。同樣的，你也應該耐心聽別人吐苦水，這樣不僅可以幫助朋友減輕心理壓力，也會讓自己產生被需要的感覺。

另外，減壓的方式還有很多，例如聽輕快的音樂、閱讀富哲理的小詩，或者是每當疲倦時就閉目養神，即使是短短幾分鐘，也可以放鬆大腦。也可以學做一些簡單的體操，鬆弛緊張的神經和肌肉。如揉捏膝蓋、腳指使勁抓地、挺直腰、挺起胸膛緩慢地深呼吸等。在不會影響別人的情況下，完成減輕心理壓力的運動。

萬一壓力眞的大到無法宣洩，建議請幾天假，冷靜思緒，再仔細尋找解決的辦法。

34 給老闆一個加薪的理由

建浩生性開朗樂觀，跟同事相處融洽，而且工作認眞，頗受老闆信任。不過，他的年資不長，薪資不高。有一天，老闆到附近的花園散步，偶然聽見該公司的兩位職員在聊天。A說：「我今天上午眞是忙得一團亂。」B說：「忙也白忙，我們公司跟公家機關差不多，認不認眞都領一樣的薪資。你看建浩，每天那麼努力工作，還不是只拿一點錢。我們就更沒加薪的希望了。」老闆大吃一驚，爲了鼓舞士氣，立刻將建浩的薪資調漲一倍。

加薪的秘訣是什麼呢？就是讓自己具備加薪的條件，例如對公司的業績有所貢獻等。如此一來，你就擁有討價還價的籌碼了。

●建立個人優勢

一個人的個性能夠決定別人對自己的印象和態度，而且對工作的影響極大。因此，懷抱遠大目標的人，應該努力塑造能夠贏得別人尊重和好感的個性。那麼應該要怎麼做呢？首先，要認清自己的長處和弱點，從各方面檢視自己，例如外表、文化和智慧的有利條件、情緒的穩定性、成見等。不要以爲「江山易改，本性難移」，當你意識到自己個性的弱點並決心改善時，一定能有所改變。

自信、自律、重信用且勇於負責的人，走到哪裡都會受人尊重。反之，懶散、不負責任、對公司事務漠不關心的人，絕對不會受到重用。不要將工作看成老闆或別人的事，而要當成自己的事，因爲它能帶來經濟、經驗、能力、自信等效益。

其次，要培養自我領導能力。換言之，就是要培養在各種情況下做出正確決策的能力，讓別人對你刮目相看。學習解決問題的技巧，善用這些技巧，直到能夠熟練地運用爲止。

盡可能學會多種企業的決策技巧，彌補自己的不足之處，同時反省是否有一些行動會變成你做決策的障礙。盡量消除公司中存在的環境障礙，尤其要抓住機會，活用決策技巧。

最後，要提高語言表達的能力。不能適當的表達好的意見，就得不到別人的重視，反而會給人無能的印象。如果不能用善言表達出善意，就不能感動別人，反而會給人虛情假意的印象。總之，口才是追求成功者的必修課程。

●提高工作效率

工作時要以大局爲重。從老闆的角度出發，從利潤的方面考量，著手處理面臨的問題。留心觀察同事與公司的目標是否一致，公司提供的福利是否與職員的需求有衝突。要成功，就要學習如何與別人分工合作。在一個企業組織中，除非齊心協力，否則很難避免爭執，而且會浪費精力在無關緊要的事情上。主動對同事示好，不要因小摩擦而留下心結。無論是與老闆或下屬打交道，都要保持一定的原則。

切記要爭取別人的認同，不要做孤獨的鬥士。如果同事們欣賞、喜歡你，老闆就會對你有所顧忌，不敢妄爲。反之，如果同事們都疏遠、討厭你，老闆就不可能讓你加薪或陞遷。

效率是分工合作的結果。將工作分解成若干部分，由若干人逐一解決，就可以提高效率。善用每一分鐘、每一分精力，投入工作，並將工作分解，納入計畫表，以最經濟、最合理的方式加以解決。

35 機會是給準備好的人，用行動證明自己的實力，獲得陞遷機會

正義是一位電腦博士，但長時間找不到滿意的工作，因爲很多公司擔心他不好差遣。他靈機一動，不在履歷表中註明學歷，只說自己愛玩電腦，結果很快就找到程序輸入員的工作。工作時，老闆發現他能在輸入過程中發現錯誤，並提出實用的建議，認爲他的能力不止於此。這時，正義拿出學士證書，於是，老闆安排了一個新的職位給他。不久，老闆又發現他有其他過人之處，這時，他又拿出了碩士證書，於是，老闆又重新調動他的職位。等到工作一段時間後，他才拿出博士證書。結果，老闆就放心地把整個公司交由他管理。

「人往高處爬」，每個人都想陞遷，但光想是不夠的，必須具備陞遷的條件。

●充實個人能力

能力是梯子，決定你能夠爬多高。仰賴別人用雙手將你托起來，就得時時擔心他會鬆手。當然，能力並不是個簡單的觀念，其主要有以下四個部分。

1、技巧：能將困難或複雜的技術簡單化。

2、知識：具備相關、組織過的訊息，而且能夠運用自如。

3、態度：表現出高水準的積極情緒傾向和意願。

4、信念：對自己完美的表現有信心。

此外，只憑現有的能力很難陞遷。普通的職員想爬到老闆的位置，現階段的專業技能絕對不夠，而需要具備相應的管理能力，以及熟悉相關部門的知識，才能指揮下屬。盡早學習這些能力吧！陞遷時再學習就來不及了。沒有老闆願意將工作交給一個無法勝任的人。

●尋找升遷機會

並非所有的能力都有助於你的發展，也沒有一種能力可以適用於各種行業。尋求新的發展，意味著獲取新的能力。當然，要以工作爲主，清楚掌握自己必須要有的能力，以及促使自己表現非凡的能力。

建議善用下列個人發展技巧。踮起腳尖爭高，不能顯示眞正的高度。想要提升自己的地位，必須從根本上做起。

1、明確掌握下一個目標。

2、列出正擔任著你所渴望扮演角色的人。

3、客觀地依表現「成功」和「不成功」將他們分類。

4、分別認識表現成功和表現不成功的人。

5、釐清他們成功或不成功的原因。

6、詢問哪種做法有助於成功，並仔細記錄這種做法的特點。

7、比較「最好」和「最差」的做法，區分它們的差別。

8、在公司之外，觀察你所崇拜的表現成功的人士，歸納結論。

9、參考教科書、自傳等，獲得不同的觀點。

10、記錄崇拜角色的突出能力。

11、比較所需的能力和自己目前的能力，擬定行動計畫以填補其間的差距。

12、分析能力的關鍵在於仔細觀察已扮演該角色的人，傾聽別人的意見。

陞遷不是個人的事，可能會無形中與其他同事競爭，有時甚至要「踐踏」對方才能穩步攀升。唯有充分自律，在不惡意傷害別人的情況下力爭上游，才能獲得美好的成果。問心無愧者，才算是眞正的成功。

36 辭職與應徵同樣重要

永平在一家電腦公司服務四年，與老闆、同事相處融洽。最近，不知道爲什麼，永平突然提出辭呈。由於他工作已有一段時間，對公司事務瞭若指掌，老闆擔心他離職會影響工作進度，於是以調薪爲條件再三挽留。然而，永平卻斷然拒絕，匆忙交接後就離開了，導致老闆震怒不已。

無論辭職的原因爲何，都容易令人失望和不快。萬一不得不辭職，應該怎麼做才能皆大歡喜呢？

●衡量辭職的利弊

明智的人只在辭職對自己有利或不辭職對自己不利時才考慮辭職。如果只是因爲「不開心」、「薪資低」等表面原因辭職，而不考慮自身條件，風險相當大。本身的條件不足，到哪兒去找薪資高又滿意的工作呢？當你無法判斷辭職是否有利時，不妨請教有豐富工作經驗的親友，徵詢他們的意見。一般來說，在下列十種情況下可考慮辭職。

1、公司屬於家庭式企業，無論怎麼努力都不可能成功。

2、公司負責人盲目擴大公司規模，未來發展不樂觀。

3、公司不注重開發新產品，業務受限，難有發展。

4、公司營運情狀況欠佳，瀕臨倒閉。

5、同樣職位的薪資比其他公司低約二十%以上，沒有調整的機會。

6、優秀人才相繼離開，留下的都是缺乏進取心的人。

7、公司缺乏活力、死氣沉沉，繼續待下去會被周圍氣氛感染，缺乏鬥志。

8、認真工作或敷衍了事，薪資都一樣。

9、對目前的工作感到厭煩，缺乏熱情。

10、工作簡單，無法發揮長處。

以上只是可以考慮辭職的理由，是否辭職，則要根據當時的處境決定。如果辭職會影響生計，不如靜候時機。

●做好辭職準備

1、提前申請。按公司規定辦理離職手續，務必提早申請。臨時提出辭呈，會打亂公司的工作進度，破壞原本相處融洽的勞資關係，甚至引來一些不必要的麻煩。

2、有始有終。不要認為自己已經要辭職就對工作得過且過，應該保持有始有終的負責態度，留下好的印象。這種好印象可能會影響新公司對你的看法。

3、慎重其事。最好以書面方式向公司提出辭職，不僅是尊重別人，也是對自己的尊重。無論別人怎麼看你，都不能認為自己是個可有可無的人。

4、不留爛攤子。即刻歸還向公司借用的物品或金錢，結束手頭的工作。將剛進公司時負責、敬業的態度，堅持到離職前的最後一刻，這樣才無損於自己的人格。

5、交接清楚。體諒他人，在離職前，務必將公司的業務交接清楚，避免接手的人混亂不堪。

6、禮貌告別。離開之前，要跟老闆、同事逐一告別，感謝他們曾經給你的幫助，不要悶聲不響地「開溜」。

●掌握辭職時機

辭職是雙方面的事，要以客觀的態度考量對方的立場。不要以爲辭職是自己的事就輕率地擅自決定離職日期。這種一意孤行的做法，會增添對方的麻煩，傷了大家的和氣。一般企業都有旺季、淡季之分，要避免在公司繁忙欠缺人手時辭職，同時要考慮自己的工作性質，確定手上的工作告一段落後才能遞出辭呈。

不要憑一時意氣辭職，應該綜合考慮利弊，以追求自我成長爲目的。

總之，想要在事業上獲得成功，不僅要累積經驗和資金，也要累積人際關係，我們無法保證日後不會動用到原公司的關係。不負責任地離職，等於是丟掉好不容易建立起來的關係，得不償失。

第三篇

做人經驗

「做事先做人」，這是近乎真理的經驗之談。一些剛步入社會的青年，以為做好自己的本份就萬事大吉，結果在實際工作中卻處處受掣肘，工作不順利，即使做得出色，也徒勞無功，好處都是別人的。

現代工作的基本特點是分工與合作，沒有人能包打天下。如果人際關係不好，合作就無從談起。做人的鐵則是，你不將別人當朋友，別人就會將你當敵人。

第一章　真誠的態度是編織人際關係網的最佳利器

37 人的成功在於人際關係，編織這張關係網必須善用技巧

若南很善於處理人際關係，大學畢業時，別的同學爲找工作而奔波忙碌，他卻輕而易舉地進入一家大型建築公司，因爲他跟這家公司老總的兒子是好朋友。公司想承接一家工廠的廠房改造業務，去了幾個業務員都沒談下來，若南一去就搞定了，因爲他跟這家工廠的行管科科長是哥兒們。若南去某市出差，行李箱不小心被偷走，身無分文，幸好他在這裡有個朋友。而這位朋友認識刑警隊長，稍微施壓，就將若南的行李箱找回來了。若南這種到哪裡都吃得開的本事，讓其他同事羨慕不已。

「多一個朋友多一條路。」

人際溝通的能力是成功的決定因素，比專業技能更重要。那麼該從哪幾個方面著手編織關係網呢？

●主動與人聯絡

建立「關係」最基本的原則就是：不要與朋友失去聯絡，不要等到有麻煩時才想到別人。「關係」就像一把刀，常磨才不會生鏽。若是半年以上不聯絡，你就可能失去這位朋友了。

不要放棄每一個目標。雖然大忙人不好找，但不表示絕對無法接近。只要你想跟某人結交，機會總是有的。

●進行感情投資

你可能遇過這種尷尬：想找某人幫忙，又想，過去許多時候本該去看他們，結果沒去，現在需要幫忙才去找他，會不會太唐突了？會不會遭到拒絕？所以你平時應盡量與你認為值得做朋友的人多聯絡，經常進行感情投資。

現代人生活忙碌，很多人都有忽視「感情投資」的毛病。一旦關係變好，就覺得不必再去維持，特別是在一些細節問題上，例如該通報的資訊不通報、該解釋的情況不解釋，日積月累，便會逐漸疏遠。如果你連一個分離幾年的朋友有沒有結婚都不知道，就很難稱之為朋友。

「感情投資」應該是經常性的，從工作到日常往來，都應該處處留心，善待每一個關係夥伴。從小處著眼，落實到生活中。

●建立關係網

人的精力有限，在建立人際關係網時，不可盲目，這樣會使你整天爲應付自己找來的關係而叫苦連天。

要織一張好的人際關係網，得先篩選。把與自己生活範圍有直接關係和間接關係的人記在筆記本，再把關係疏遠的記在另一本筆記上，然後把有用的留下，無用的丟掉。

其次，分析自己認識的朋友，列出最重要、比較重要與較不重要的人，根據自己的需要決定。由此，你自然就會明白，哪些關係需要重點維繫和保護，哪些只需要保持一般聯絡即可。從而決定自己的交際策略，合理安排自己的精力和時間。

最後，對人際關係進行分類。生活中突然有難，必須求助於人的事情往往涉及許多層面，你需要來自各方的幫助，不可能只從某方面獲得。

設計「聯絡圖」不難，難的是落實到日常生活中。首先要「識門」，也就是說，一定要清楚那些與自己所求助的事情有重要關係的部門人員，熟悉他們的工作內容和業務範圍。其次要「識路」，也就是說，要熟悉做事的程序，先從哪裡開始、中間有哪些環節、最後由什麼部門決定，條理分明，避免跑冤枉路。

編織完「聯絡圖」後，聰明的人會懂得如何保護這張圖，維持其有效性並不斷擴大。

●調整關係網

一張合理的人際結構圖，必須是能夠進行自我調節的動態結構。而在日常生活中，一般有三種需要調節人際結構的情況：

（1）奮鬥目標的變化。你的奮鬥目標改變，例如棄文從商，迫使你調節人際結構，爲新的目標努力。

（2）生活環境的變動。本來在A地工作的你，臨時調到B地工作。這種環境變動，勢必引起人際結構的改變。

（3）人際關係的斷裂。天有不測風雲，朝夕相處的親人或朋友去世，人際結構自然發生變化。

38 人際關係不是一扇自動門，需要運用一定技巧才能打開

李清和趙平同窗四年，平時稱兄道弟。畢業前，李清對趙平說：「這四年來，咱倆親如兄弟，你處處關心、照顧我，我無一報答，十分慚愧！你喜歡讀古文，我這裡正好有一本舊書，是父親給我的，送給你做紀念吧！」趙平接過書一看，這本書很破舊，封皮也有污損，十分難看，心中便有些不悅，回家後順手把它丟在一邊。三年後，李清來看趙平，順口提起那本書，趙平心虛地說不知收到何處。李清惋惜不已，原來他送給趙平的是所謂「善本」，相當珍貴，無處可買。他以爲趙平識貨，所以沒明說。知道眞相後，趙平既慚愧又後悔。

「酒肉朋友，沒錢分手」、「小人交友，香三天，臭半年」，這些俗諺說的是交友不易。朋友之交，最重要的是「信任」二字，一旦對朋友產生懷疑，就是友誼崩損的開始。故事中的趙平因見朋友送的書外觀粗陋、價值菲薄而鄙棄，事實上，他失去的豈止是一本書，更是朋友間千金難買的信任。

●不要嘲弄別人

無論是有意或無意嘲弄別人，都會對別人的心理造成嚴重的傷害。沒有「口德」，經常毫不留情嘲笑他人的人，除了會遭人忌恨外，還會受到公眾唾棄，最後導致自己越來越孤立。

●不要偽裝自己

在與人交往中，人們經常爲了迎合某個人或某些人而把自己裝扮成另一種人。例如某些人心術不正，對不幸的人落井下石，人們爲了不和這些人發生衝突或不得罪他們，往往會假裝贊同他們的行爲。雖然這樣可以獲得某些利益，但失去的卻更多。首先，任何僞裝都會造成自己心理上的傷害，乃至心理上的變態。其次，迎合低級、庸俗或在道義、道德上站不住腳的事，會損害自己在公眾面前的形象。

●不要勉為其難

有些人經常要求別人順從自己，從不考慮別人是否心甘情願。在他們眼中，所謂的朋友就是要接受自己的意願和要求。實際上，這種人的周圍不會有多少眞朋友。經常干涉別人的自由，對方心裡一定不痛快，這種情緒累積到一定程度時，就會導致關係破裂。

●多一點愛心

愛是一種愉快和喜悅的感覺，這種感覺不只發生在你所愛的人身上，還發生在被愛涉及的所有人身上，當然也包括你自己。愛別人和被別人愛都很幸福。愛這種感覺會使人覺得到處都充滿美和快樂。被愛的陽光照射的人會變得堅強、寬厚，而且洋溢生命的活力。

●愉快相處

和別人一起做愉快的事，並且多多益善。無論是什麼事，只要雙方愉快就好。例如一起野餐、郊遊、旅行、聽音樂會、看電影、看戲、打球、打牌，或是逛大街、遛公園等。設法使雙方由衷地快樂相處，共享愉悅和滿足。心情鬱悶又想獨處時，則不宜共處，以免引起誤會。

●讓別人喜歡你

希望自己變得討人喜歡，就要盡可能地順從別人、避免攻擊別人，尤其是不要觸及別人的傷疤。多說別人想聽的話，多聽別人想說的話。

●保持個性

在人際交往中，光是被別人喜歡還不夠，你還得讓自己喜歡自己。當一個人竭盡全力使別人喜歡自己的時候，可能會降低他自身的價值。因爲他的許多主觀能動性無法發揮，缺乏鮮明的個性，無法讓人留下深刻的印象。別人可能會說：「他呀，整天都是那個樣子，一點個性也沒有，總是急著討好別人。」

討人喜歡的正確方法是培養自己討人喜歡的特性。換句話說，就是培養鮮明的個性，例如豪放、直爽、眞誠等，不要一味地迎合別人。你只需吸引能被你吸引的人，而不是每個人。

●不要無原則地附和別人

如果一個人在什麼問題上都附和別人，毫無主見，或者有主見也不敢表達出來的話，很難贏得有識之士的喜歡。所以，不能無原則地附和別人，該堅持的就要堅持，不該讓步的就絕不讓步。

●學會關心別人

學會關心別人，首先要學會「體會」別人的感受，而這可以先從分析自身的經歷入手。一個人若能記住自己的感受，通常就可以體會別人在相同情況下的感覺。

例如當你生病的時候，會有一種孤獨無助的感覺，希望有人來探望你或陪伴你。所以，當你的好朋友生病時，你會立即想到他這個時候最需要的是什麼，自然就會承擔起這個任務。

試著多了解你的朋友、同事的感受、經歷和現在的生活，同時盡量記住他們所說的話。越是這麼做，越容易體會別人的經歷和感覺，自己和周遭人的關係自然會變得密切。事實證明，關心他人的人，能夠受到別人的尊敬和喜歡。

●學會分享朋友的快樂

當一個人遭遇挫折或不幸時，別人深表同情並給予安慰，就是所謂的「惻隱之心人皆有之」。而當一個人成功時，若別人不願一起分享快樂，則多半是嫉妒心所引起的反應。如果一個人眞的是出於嫉妒而對朋友的成功表示冷漠，那麼他就是不眞誠的朋友。如果朋友有快樂的事，你誠摯地祝賀他，以擁有這種朋友爲榮，並分享他的快樂，則這將使他更快樂。

39「在家不會迎賓客，出外方知少主人。」待客之道是人際關係中極重要的一環

寧寧是個聰明的女孩，畢業不到三年，事業就做得有聲有色。某天，好友張健邀請她到家裡做客，並準備一桌豐盛的酒菜來款待她，可是寧寧只略嘗了一點素菜，就說吃飽了。張健熱情地勸她多吃點，寧寧卻表示出不高興的樣子，把張健弄得一頭霧水。原來，寧寧是回教徒，滿桌的大魚大肉叫她怎麼下手？後來，寧寧再也沒有去過張健家。

在社交中，接待來客是一門藝術。講文明，懂禮貌，態度熱情，就會贏得友誼。反之，言行不當或禮貌不周，就會得罪朋友。那麼，怎樣接待來訪的客人呢？

●提前準備

如果事先知道客人來訪，就要提前打掃，準備點心，洗淨茶杯，整理好房間或會客室。男女主人雖不必刻意打扮，但要儀容整潔，自然大方。如果要留客吃飯，應盡量先了解客人的民族風俗、習慣、口味、愛好和年齡，以及嗜好、忌諱，以便備當的菜餚。

●熱情接待

客人在約定時間前來時，對於很少登門的稀客或對你家不熟悉的客人，應該主動出門迎接。如果客人是第一次來訪，就要爲其介紹自己的家人。送茶時最好雙手奉上，以示尊重。夏天氣候炎熱，可準備涼毛巾或扇子，並遞送冷飲；冬季則應把客人請到暖和的房間，遞送熱茶。若客人遠道而來，就要詢問是否用過餐。

來訪者年紀較大時，年輕人要懂禮貌，談話態度要誠懇、謙遜，多聽長輩說話，同時說些他們關心的話題。

對於熟悉的老朋友則要盡量保持自然，但不宜當著客人的面說出家庭問題，更不可發生口角，或因小孩子做錯事而大發雷霆，當然也不能對小孩放任不管，任其胡來。

交談時態度要親切，不頻頻看錶、不打呵欠，以免對方誤解在下逐客令。

如果來了「不速之客」，也不要拒之門外或面露悻悻之色，使人難堪。應了解對方來訪的目的，盡快妥善處理。室內來不及清理時，應向客人致歉，不要對方進門就馬上掃地，導致灰塵四起。

如果客人想談私事，則讓家中其他人迴避，或是換另一個房間單獨交談。

如果客人來訪時恰逢有重要事情須外出，應向對方說明情況，表示歉意。如果客人不是來找自己，而要找的人正好不在，也應主動熱情接待，並請客人留下便條。如果來訪的是父母的朋友，那麼長輩談話時，不可隨意插話。若他們在談重要的問題，最好主動迴避。

如果客人要留宿，最好讓他自己住一間。房間收拾乾淨，保持舒適。另外，可以準備影集、報刊等供對方觀看，而且要嚴禁小孩出入其房間，以免影響客人休息。當然，還要備妥第二天的早餐。

●熱情相送

當客人要離開時應婉言相留，並非客套，而是很多時候客人本想和主人再聊一會兒，但又擔心對方沒空，於是以「告辭」來觀察主人的反應。因此，遇到這種情況時，不加挽留，急於送客，很不禮貌。客人要走，應等客人起身後，我們再起身相送，不能客人一說要走，我們就急著站起來。

一般而言，送客應送到門口，尤其是第一次來訪的客人，對地形不熟，最好主動向他們介紹附近的交通，協助他選擇一條較便利的回程路線，或送他到車站，以免客人走錯路。如果訪客是年老的長輩或幼兒，就要主動送他們到車站。

對於攜帶禮品登門拜訪的客人，要向他表示謝意，或是回送禮物。

客人臨別時，家人要微笑道別，讓對方知道這個家庭的每個成員都是熱情好客的。

萬一天氣突然變冷或下雨，應該主動拿出禦寒的衣物或雨具給客人。有些人怕給主人添麻煩而推卻，這時，我們更要真誠地向客人說明家裡不缺這些東西，請他儘管放心拿去使用，打消客人的顧慮。

讓人高高興興來、高高興興去，做客時，才能高高興興去、高高興興來。

此外，當客人隨身行李多又人生地不熟時，應事先問清楚對方啓程的時間、地點、是否需代買車票，並送客人到車站。

送行時，則要等火車啓動才可離開。最後記得主動檢查客人有無忘記帶走的物品。

40 客有雅客、俗客、惡客之分，注意禮節就能成為受歡迎的客人

劉敏和王政是同一個單位的同事，平時相處融洽。王政有幾次邀請劉敏去他家作客，結果都因太忙而沒去成。有一天晚上，劉敏正好閒來無事，想去王政家看看。本來時間就晚，加上路上有事耽擱，到王政家已是深夜。王政的妻子已就寢，劉敏本不想打擾，但與王政一聊起來就停不了。後來，王政的妻子被吵醒，她雖然沒說什麼，但明顯地表示不悅。劉敏這才察覺自己失禮，連忙起身告辭。此後，王政再也沒邀請劉敏去他家。

做客是一門藝術，不知道基本的訪客之道，容易得罪主人，失去朋友。到底做客要注意哪些禮儀呢？

●選擇適當時間

一般而言，拜訪的時間要選在主人空閒的時候，盡量避開用餐、午睡時間或蓋房、婚喪、等重要時刻，可選擇年節假日的下午或晚餐之後。根據目的選擇主人在家、家人都在，或是相關人在家時造訪。當然，最好事先先通知對方，避免撲空。

如果是晚上造訪，交談時間不宜過長，盡量早點離開，避免影響主人和家屬休息。

●尊重主人禮節

進門前要敲門或按電鈴，即使夏天房門敞開，也要得到主人允許後再進入。關門時則要輕一點。外衣、雨具放到主人指定的地方，不要亂丟。主人家中有長輩時，要主動打招呼，不能置之不理。帶孩子造訪時，要教他們懂禮貌，不能讓孩子在屋裡亂跑、亂叫，甚至隨便翻動主人的抽屜和櫃子等。主人是長輩時，則對方坐下後自己才能坐下。如果有其他客人在場，可先在一旁靜坐，不可打斷他們談話。主人奉茶時要站起來，道謝後再用雙手接過，同時等其他客人或年長者動手開始食用點心時自己再動手。即使是到熟悉的朋友家裡，也不能過於放縱。吸菸者要自制，盡量少抽。若拜訪的人不在，則可稍候或留下便條、口信。

●講究告辭方式

訪友、赴宴告別時的禮儀，通常是整個應酬中最重要的環節。千萬不要在主人說完一段話後馬上告辭，會讓對方覺得你對他的話不耐煩。在你說完帶有告別意味的話之後再告辭比較好。

在告辭之前，不要表現出急著想走的樣子。若要提早離開，不必大聲道別，可以悄悄地知會主人，並表示歉意。被其他客人發現時，則要禮貌地說聲再見。

如果主人沒有眞心誠意地挽留，就應該立刻從座位上起身，別光說不動。

41 會惹事的人，往往是會說話的人。想求人辦事，就要對正確的人說正確的話

劉鎭有事想請上司王經理幫忙，他知道王經理喜歡下象棋，於是利用公休日把王經理請到家裡做客，他沒有立刻說出本意，而是先跟他下棋。下完棋後，劉鎭找機會說出自己的難處，結果王經理爽快地答應幫忙，而且不久就辦成了。

誰都有有求於人的時候，若不講究技巧，就難以達到目的。那麼應該怎麼做呢？

●看對方的身份地位說話

一個人的身份地位不同，思考問題的角度也不同。如果對方是總經理，請他花

時間去做煩瑣的事，根本是大材小用。如果對方是小職員，請他跑腿可能樂意，讓他賠錢就不可能了。所以要根據對方思考問題的角度來決定提出請求的方式。

三國時，許允在吏部任職，提拔許多同鄉人。魏明帝知道後，派人去抓他。他的妻子告誡他說：「明主可以理奪，難以情求。」要他向皇帝申明道理，而不要寄希望於哀情求饒。因爲依皇帝的身份地位，是不能以情斷事的。皇帝以國爲大、以公爲重，只有以理斷事和以理說話，才能維護國家的利益與維持一國之主的身份地位。

因此，在審訊時，許允坦率地對魏明帝說：「陛下規定的用人原則是『薦舉你身邊有才能的人』，我的同鄉我最了解，請陛下考察他們是否合格。如果不稱職，臣願受罰。」

魏明帝認爲有理，派人考察許允提拔的同鄉，結果發現他們都很稱職，所以魏明帝沒有處罰許允，並賞賜他一套新衣服。這可以說是善於根據說話對象的身份地位來選擇說話方式的成功例子。

●看對方的性格說話

一個人的性格特點通常會通過自身的言談舉止、表情等流露出來。例如快言快語、舉止敏捷、眼神鋒利、情緒衝動的人，往往是性格急躁的人；坦率熱情、活潑好動、反應靈敏、交遊廣闊的人，往往是性格開朗的人；表情細膩、眼神穩定、說話慢條斯理、舉止注意分寸的人，往往是性格穩重的人；安靜、抑鬱、不苟言笑、喜歡獨處、不善交往的人，往往是性格孤僻的人；口出狂言、自吹自擂、好爲人師的人，往往是驕傲自負的人；懂禮貌、講信義、實事求是、心平氣和、尊重別人的人，往往是謙虛謹慎的人。

具體分析性格不同的談話對象，區別以待。對性格急躁的人，不讓他過度勞心費力；對性格開朗的人，要經常提醒，因爲他們容易健忘；對性格穩重的人，可託大事，但他們不易答應；對性格孤僻的人，要先動之以情。一旦他們將你當朋友，就會盡力而爲；對驕傲自負的人，建議採取「激將法」；對謙虛謹慎的人，要給他一個合理的請託事由，否則哀求也沒用。

●看對方的心理說話

透過對方下意識表現出來的態度了解他的心理，有時能夠掌握比語言更眞實、更微妙的思想。

不同年齡、性別、地域、職業的人，其心理特徵也不同。在求人做事時，應注意以下幾個重點。

（1）性別差異。對男性應使用果斷的言辭，對女性則要溫和。

（2）年齡差異。對年輕人應使用煽動的言辭，對中年人可說明利害，供其參考，而對老長者則應採取商量的口吻，表示尊重的態度。

（3）地域差異。例如對大陸北方人，可採取粗獷的態度，對沿海的南方人，則可細膩些。

（4）職業差異。善用對方專業領域的知識和術語與之交談，可以增強他對你的信任感。

（5）性格差異。若對方性格豪爽，便可單刀直入；若對方性格緩慢，要「慢工出細活」；若對方生性多疑，則切忌處處表白，應不動聲色，使其疑惑自消。

（6）文化程度差異。對文化程度低的人，要採取簡單明確的方式，善用具體數字和例子；對文化程度較高的人，則可採用抽像說理的方法。

（7）興趣愛好差異。多提對方感興趣的事物，無形中可增加他對你的好感，自然會主動協助你或滿足你的需求。

●看對方的修養說話

事業心強的人，做起事來會全心投入。要敲開這種人的門，不要怕碰「釘子」，還要有足夠的耐性，或硬纏或軟磨，直至達到目的。

自命清高的人，通常不願意與常人往來，希望結交有才華的人，要敲開這種人的門，最有效的方法是善於表現自己，展示出自己的才華，因其愛「才」便會自開家門。

請農夫或工人做事，不要裝腔作勢、滿口道理，而應該用他們容易接受的言辭進行溝通和交流，消除與彼此的文化和心理距離。這樣做起事來才不會產生障礙。

第二章　用放大鏡看別人的優點，用縮小鏡看別人的缺點。快樂的果實結在讚美的言語上

42 人的性格特徵容易體現於言談中，你知道如何從言談中識別人嗎？

何義是一家機械廠的員工，平時話很少，給人忠厚老實、與世無爭的印象。有一天，廠裡決定調漲部分員工的工資，由於名額有限，像何義這種老實人當然就沒有份了。何義得知此情，拿起一把扳手，衝進主任辦公室，大聲吼道：「我做的事不比別人少，爲什麼加薪沒我的份，是不是覺得我老實好欺負呀？我告訴你，你敢不加薪，我就讓你爬著出去！」這番話讓全辦公室的人足足呆了幾分鐘，他們做夢也想不到，老實人何義居然這麼不老實。

人是複雜的個體，很難眞正了解。不過，掌握以下九種識人方法，將大幅提高你識別人的能力。

●誇誇其談的人

這種人口若懸河、滔滔不絕，宏闊高遠卻又粗枝大葉，不注意細節。優點是善於從宏觀、整體掌握事物，經常在侃侃而談中產生特別創意，富於創見和啓迪性。缺點是缺乏系統和條理性，論述問題不夠深入。因爲不拘小節而容易錯失重要的細節，替未來埋下隱憂。這種人不太謙虛，知識、閱歷、經驗雖廣博，但不深厚，屬於博而不精的人。

●正義敢言的人

這種人仗義直言，原則性強，是非分明，立場堅定。缺點是處理問題不善變通，冥頑固執，但是能主持公道，受人尊敬，不苟言笑而讓人敬畏。

●言辭犀利的人

這種人一旦抓住對方弱點就會猛烈反擊，不給對方喘息的機會。他們能透徹地分析問題，看問題一針見血，甚至有些尖刻。由於致力尋找、攻擊對方弱點而可能忽略了從總體、宏觀的角度去發掘問題的實質與關鍵，而且會捨本逐末，陷入偏執與死胡同中而不能自拔。他們屬於善從小處著手而不善從大處著眼的人。

●「機關槍」型的人

這種人說話像打機關槍，語速快，辭令豐富。他們深諳事理，對人情事故理解深刻而獨到，但複雜的人情事故卻可能反而使其思緒變得缺乏條理和層次性。這種人在能力所及的範圍，可以讓人放心，而一旦超出其能力範圍時，就會顯得慌亂，無所適從。他們接受新生事物的能力強，反應也快。

●「萬事通」型的人

這種人知識豐富，旁徵博引，各門各類都略知一二，顯得學識淵博。缺點是腦子裡裝的東西太多，缺乏條理，思緒不夠敏捷。面對難題容易抓不到要領。這種人雖然創意多，但多半掌握不到重點。

●滿口新名詞的人

這種人接受新事物很快，躍躍欲試，總想將新學到的東西立刻運用在生活中。缺點是沒有主見，不能獨立面對並解決困難，而且容易反覆不定，猶豫不決。

●說話沈穩的人

這種人個性宏廣優雅，為人寬厚仁慈。缺點是反應不夠敏捷果斷，轉念不快，

屬於細心思考型的人，有恪守傳統、思想保守的傾向。如果他們能加強果敢之氣，對新穎事物持公正而非排斥態度，就會變得從容平和，有長者風範。

●態度溫柔的人

這種人性格柔弱，不爭強好勝，權利慾望平淡，與世無爭，不輕易得罪人。缺點是意志軟弱，膽小怕事，霸氣不夠，怕惹麻煩，對人事採取逃避態度。如果他們能磨練膽氣，知難而上，勇敢果決而不猶豫退縮，將會成爲外柔內剛的領導型人物。

●標新立異的人

這種人獨立思考能力強、好奇心強，敢於向權威說不，敢於挑戰傳統，具有開拓精神。缺點是不能冷靜分析問題，易流於偏激，不易被人理解，往往會成爲孤獨的英雄。

43 堅強的人有脆弱的一面，狡猾的人也有破綻可尋。趁隙而入，是識別他人的有效手段

志剛和同學出遊，中午在一家飯館吃飯。鄰桌有個非常頑皮的小孩，不時跑到志剛這桌來搗蛋。志剛覺得有趣，想跟小孩聊天，小孩卻不理他，還做鬼臉。同學對志剛開玩笑說：「如果你能問出他的班主任是誰，請你喝一杯酒。」志剛說：「這好辦。」他對小孩說：「我和你們班主任王老師是好朋友，你再不聽話，我就回去告訴王老師。」小孩馬上答道：「你騙人，我們班主任姓張，不姓王……」

雖然這是引誘小孩說出實話的方法，但對成年人也管用。若要誘導人們透露眞心，就必須積極主動出擊以觀其反應。這當然需要一點技巧。

●用實話引導實話

採取迂迴的方式很難了解別人的缺點，如果我們能坦誠地說出自己的缺點，反而能解除對方的戒心。

一般人不會把自己的秘密告訴別人，但也很少能完全不讓人知道。無論是誰都有不欲人知的事，因爲某種原因而必須掩飾。只要我們態度坦誠，不掩飾自己的缺點，對方一定也會受影響而放鬆心情、卸下防衛心。

人們一方面千方百計地隱瞞自己的弱點，另一方面卻想向人告白、傾訴因隱藏秘密而積壓在心中的不安與痛苦。溝通高手就是利用人的這種心理特徵而巧妙地予以誘導，使對方傾吐弱點或秘密。

●動之以情

大多數人的感情是脆弱的，無論是偉大的政治家、企業家，還是蠻橫不講理的盜匪，都很難擺脫這個弱點，尤其是缺乏邏輯思維能力、好講小道理或以自我爲中心的人，更較一般人脆弱。利用這種心理弱點，就能征服對方的心。

人是感情的動物，即使理智上知道應怎麼做，感情上卻無法立刻認同，不願直接服從或接受對方所說的話。所以如果無法以理性說服對方，不妨改變方式而動之以情。例如在公車上，一位女士不小心將食物撒在一名男子的白襯衫上，男子堅持要女士賠衣服，而女士反怪他不小心，兩人爭執不休。這時，一位戴眼鏡的先生出來打圓場，對男子說：「這位女士每天擠公車上班，下班後還要急忙趕回家做飯給孩子吃，很辛苦的……」話未說完，男子忙打斷他：「不要說了！」並轉而向這位女士道歉。車內氣氛頓時「多雲轉晴天」。

這個方法不僅能應付那些用道理講不通的對手，而且在商業往來中，也能說服非常固執的人。

●動搖對方的意志

嫌疑犯聽到刑警說「你的父母不知如何傷心」或「你家裡的妻兒眞是可憐」等的話時，多半會情不自禁地自言自語道：「是我拖累了他們！」

刑警審問犯人的方法，可以廣泛運用在日常的事務中。運用此法，重點在於表明可能的後果，使對方產生恐懼而意志動搖、不安。

例如與商業對手談判時，如果久攻不下，可以說「談不妥的話，我們只好考慮另找廠家」或「我們只能暫時中止談判，以後再說」等的話，在無形中打擊對方，使他自亂陣腳。

●附和對方的話

多數人在表達自己的觀點時，若有專注的聽眾，就會非常起勁而更加投入。如果聽眾中途打斷話題或表現不耐煩的態度，會讓人喪失說話的興趣。如果你的對手也是這種人，你應該不持任何異議，任其暢所欲言。

一旦聽到他極端的或反道德的想法時，也要以「您說的不無道理！」之類的話附和，積極接受對方的意見。對任何意見都表示、贊同，對方便會認定自己所說的全是對的，而一直心情愉快地敞開心胸說話，無意中必定會洩露出你想聽到的話。

●故意刺激對方

許多人在自己的想法遭到別人誤解或否決時，會產生不高興的情緒。因此，「否定對方的意見，刺激他說話」的方法，就是利用這種心理。

例如你故意對A科長說：「聽說貴公司的B科長很能幹，甚至有人說，他會入選公司董事會呢！」

如果A科長討厭B科長，就會反駁道：「不，B科長不過是善於拉攏人心……」

無論採取何種手段，一旦強烈刺激到別人的自尊心，他就會顯露出原本隱藏在內心的想法。

●使對方產生優越感

大家都不喜歡品行端正、誠實正經，但卻喜歡充滿缺點，且有許多弱點的人。

這是因爲缺點多的人能使自己產生優越感，不易產生警戒心和抗拒情緒。

爲了消除對方的警戒心與對抗意識，使其表現出本來的態度，必須運用迅速、直截的奉承戰術，使他產生優越感。不過，奉承人的技巧很很困難，太露骨的阿諛只會招致反效果。

●掌握對方的慾望

任何人多少都有慾望，從極大的野心，乃至極小的願望，存在於各人心中。有些人會若無其事地將心中的欲望說出來，有些人則會暗自藏在心底。事實上，根據對方的行動，以及對事物的想法，不難推測其慾望所在。

44 指出一個人的缺點而使其改正絕非易事，除非你切中關鍵點

高中生馬飛和尹鐵是一對哥兒們，經常一起出去惹事生非。尹鐵十分崇拜馬飛，對他言聽計從。老師對他們的行爲非常生氣，卻拿他們沒辦法輒。有一天，調

來不久的年輕教師曉峰把馬飛叫到他的辦公室說：「尹鐵跟你不同，家裡沒有當官的爸爸，也沒有錢，一切要靠自己打拚。如果你是他的好朋友，就去勸他不要再去胡作非爲，應該把時間放在課業上。」結果馬飛眞的聽老師的話勸誡尹鐵，同時也向曉峰保證：「以後我一定好好學習。」

不要用「良藥苦口利於病，忠言逆耳利於行」的格言當成隨意指正別人缺點的理由，因爲「是藥三分毒」，沒人願意天天吃藥。批評也同樣「有毒」，如果你眞想幫助別人，就要盡量降低「毒性」，使其樂於接受。

●指桑罵槐

某家公司的某部門，工作效率極差，銷售額也差別的部門一大截。經理調查發現，問題出在該部門的部長身上。部長不負責任，不約束下屬。於是經理提醒部長注意，他說：「你是單位主管，應該更嚴格才對。」但部長卻依然故我。經理只好請人事管理顧問協助，結果顧問告訴部長：「你本身應該沒問題，但是你的職員上班經常遲到，工作效率低，你有什麼提高士氣的辦法嗎？」從此以後，部長改掉壞習慣，部門的業績也蒸蒸日上。

這名顧問假借指責他人的缺點，把部長趕進不得不反省自己的窘境中。在這種情況下，他才會發現自己的缺點，並自動改進。

●旁敲側擊

懷偉是全校公認的壞學生，他聚集二十幾個人，帶頭在校園裡搗亂。老師屢勸不聽，甚至遭到報復，校方對他們束手無策。新學期開始，學校調來一位新老師，他對學生輔導很有一套。他不從懷偉著手，而是以他的好朋友張明爲目標，他對懷偉說：「你的事我不追究，反正我對你也看開了，但是張明不同，他還有大好前途，你無法對他的未來負責，所以你應該要說服他改過，因爲他只聽你的。」

雖然是壞學生，但能當領導者畢竟有不凡之處。懷偉聽了老師一番話，覺得被信賴，於是士爲知己者謀，懷偉果眞去說服張明，使他脫離壞學生集團。沒想到，懷偉自己也大徹大悟，間接影響其他人。這位老師的絕招是繞了個圈子，從側面來攻擊核心，稱爲「旁敲側擊」。

●間接指點

人們不願承認缺點的原因是出於缺乏理性的自尊，因此，在指正別人缺點時應盡量維護其自尊。

對那些參與意識不強的人，要改變他的本性就要讓他充分發表自己的意見。有一種簡單有效的方法可以借鏡，就是間接指點。例如對在討論會中不願發言的人，可先請他旁邊的人發言，增加其緊張感。一旦其鄰座的人都發言了，他就會不得不有所反應。無論情願與否，都能喚起他的緊張感，使其積極發言。反之，直接點喚他的名字，可能會讓他覺得你在諷刺他，導致氣氛變僵，達不到激發他發言的目的。

45 臉皮薄的你，如何委婉拒絕朋友請託的事？

阿芳是一家商場的售貨員，收入不高。她的好友蘭蘭是保險業務員。有一天，蘭蘭前來向阿芳推銷人壽保險的好處，又感慨地傾訴做保險的難處，極力游說阿芳買十萬元的保險。阿芳也想幫她的忙，但是保險的支出佔了收入的三分之一，會影響生計。阿芳想回絕，卻不好意思拒絕第一次來拜託自己的多年好友。最後在蘭蘭的央求下，她只好咬牙買了五萬元的保險。

能幫忙時盡量幫忙，該拒絕時堅定拒絕，這是基本的交友之道。對於很難辦到的事，如果礙於面子勉強答應，最後只會破壞雙方的和氣。當然，拒絕須講究一些技巧。

●說話留餘地

如果你對事情把握不大，就不要把話說滿，留進退的餘地。例如使用「盡力而爲」、「盡最大努力」、「盡可能」等模糊的字眼。這種話能給自己留下轉寰的餘地，不過，會給對方留下疑慮，較難取得完全的信任。

●延緩兌現時間

計畫永遠趕不上變化，在承諾時最好延緩兌現承諾的時間，即把時間說長一點，給自己留創造條件以實現諾言的餘地。就前例來說，蘭蘭要阿芳買保險時，阿芳可以這麼說：「我每月的薪資只夠糊口，等我發年終獎金時再向你買，可以嗎？」利用「年終獎金」來延緩實現承諾的時間，聽起來入情入理。

●隱含前提條件

對不是自己能獨立解決的問題，或是受客觀條件限制的問題，應採取隱含前提條件的承諾方式。換言之，如果你不能獨立兌現諾言，必須尋求別人幫助，或者有些事只能在客觀條件許可時才能辦到，那麼你在承諾時可加入一定的限制詞語。

例如前例中阿芳也可以這樣說：「我要跟我丈夫（或父母）商量一下，如果他同意的話，我就跟你買，保證不找別人。」對承諾的內容做必要的限定，既展現自己的誠意，還暗示對方自己的難處，可謂一石二鳥！

爲人處事，須講究言而有信，行而有果，不可空口說白話或信口開河。明智者會事先評估客觀條件，盡量不答應沒有把握的事。

46在非拒絕不可的情況下，怎樣才能把「不」說出口而又不得罪人？

陳軍是大三的學生，他家離學校不遠，騎機車通勤。他的同學常向他借車出去玩。最初，陳軍很爽快，誰借就給誰。他的同學是新手，經常弄壞他的機車，使得陳軍花不少錢修車，所以陳軍再也不輕意借車給同學。有一天，他的同學路明有急事向陳軍借車，陳軍不客氣地說：「對不起，我最近手頭緊，沒錢修車。」路明聽完不發一語，跟陳軍的關係逐漸疏遠。

我們有求於人，別人直接回絕；我們提出看法，別人直接否定；別人看不慣我們的行爲，直接表達反感。這都會重創我們的自尊心，甚至忌恨那些人。如果你不想惹人氣惱或遭人忌恨，就不要用上述行爲對待別人。即使是拒絕別人，也要「有話好好說」。

●避免對立

在拒絕、制止或否決對方的某些要求、行爲時，可利用非個人的原因作爲藉口，避免直接對立。例如某報社的推銷員登門要求你訂閱報紙，但你不想訂時，可以禮貌地說：「謝謝，你們的服務很周到，可是我家已經訂閱其他幾家報社的報紙了，請見諒。」強調「你們」和「我家」，而不是「你」和「我」，能夠有效降低對方的敵意。

●富同情心

對方可能是在迫不得已的情況下請你幫忙，其心情多半是既無奈而又無助。先不要急著拒絕對方，應從頭到尾認眞聽完對方的請求，再以「你的情形我了解」或「非常抱歉」等言辭，解釋自己無法幫忙的理由，同時幫他出些主意，給予建議。無論這些主意和建議有沒有用，至少能表示你的善意。

●善用幽默感

善用幽默感不僅可以達到拒絕的目的，又可以使雙方擺脫尷尬的窘境，活絡氣氛。

美國前總統羅斯福在擔任海軍軍官時，曾有好友向他詢問美國新建潛艇基地的情況。羅斯福不好正面拒絕，就問他的朋友：「你能保密嗎？」對方回答：「能。」羅斯福就笑著說：「我也能。」對方聽完就不再問了。

●尋找合理藉口

藉口可能是「善意的謊言」，卻能避免傷害對方的自尊心。例如遇到異性說「希望深交」時，如果對方是你喜歡的人，當然是件好事，而如果是你不喜歡的人，則可以告訴對方「對不起，我已經有女朋友了」、「現在集中精神學習和工作，不考慮其他事情」等，委婉地拒絕。

●運用緩兵之計

如果你無法完成別人請託的事，可以說：「我暫時還不能答應你，我得先評估能否做到，過兩天再跟你聯絡。」也許到時候你會意外發現可以幫他，就算做不到，也表示你盡力了，總比當面拒絕好。

第三章 你的心有多廣，世界就有多大

47 小毛病可能帶來大麻煩，要戒除不良習慣

坤亮有慢性咽喉炎，喉嚨不舒服就乾咳，成爲一種習慣。有一天，坤亮到一家公司談業務，該公司的業務經理是位女士，有潔癖，對坤亮時不時乾咳感到厭煩，而且懷疑他是否有傳染病，結果三言兩語就將他打發走，態度堅決，一副再也不想見到他的樣子。坤亮被搞得莫名其妙，不知道自己哪裡得罪她了。

在工作和生活中，我們遇到的許多不如意，可能是不良習慣造成的，只是自己沒有察覺罷了。一般而言，應該盡量避免下列幾種不良習慣。

●當衆打呵欠

長時間交談後，即使感到厭倦，也要捺住性子不打呵欠。因爲打呵欠代表不耐煩，而不是你疲倦了，容易引起朋友的不快。

●當衆掏耳、挖鼻和剔牙

正當大家在飲茶、吃東西的時候，掏耳朵的小動作會令人感到噁心，用手指挖

鼻孔也是。

另外，在宴會席上，如果你需要剔牙，最好用左手掩住嘴，頭略偏向一側。吐出碎屑時，則要用衛生紙接住。

●當衆搔頭皮和抖腳

頭皮屑多的人，在社交場合往往會因忍不住皮屑的刺激而搔起頭皮來。搔頭皮會使頭皮屑四處亂飛，不只難看，而且讓旁人不快。尤其是在宴會上，或是較爲嚴肅、莊重的場合，這種小動作令人難以忍受。

此外，在社交場合當衆抖動雙腿，雖無傷大雅，但抖動的雙腿會影響對方的視覺，而且給人不安感。

●當衆放屁

在公共場合，一個響屁足以破壞整個會場的氣氛。即使放悶屁，臭味也很噁心。據有經驗者的說法，在放屁前一刻可以做三次深呼吸，或是悄悄遠離人群。

●拉鏈和鞋帶鬆開

在大庭廣衆下忘記綁鞋帶或忘記拉上褲子的拉鏈，是很沒有禮貌的事情。

●不修指甲

留長指甲可能是一種癖好，但如果疏於清理指甲內的污垢，就相當失禮了。與人握手或取菸、用筷時，半月形的指甲污垢赫然在目，實在有礙觀瞻。

●頻頻看錶

如果你有空又沒有其他重要約會，那麼在和朋友交談時，最好不要頻頻看手錶。因爲這種小動作會讓朋友誤以爲你有重要的事情而中止談話，而且可能會引起對方的誤會，以爲你沒耐心再聊下去。

●浪費別人的時間

約會時務必準時。也許你的缺乏時間觀念，但別人未必如此，而且等人的滋味不好受，相信大家都有這種體驗。

●打聽別人的私事

在這個複雜的社會中，每個人爲了保護自己，很多事都不希望別人知道。因此，除了親近或熟悉的朋友之外，一般人不會詢問別人的私生活。即使是表示自己的關心，也要請求別人同意後自願告訴你，否則就不該追問。如果他願意告訴你私事，也不能把此事當做新聞見誰就說。至於偷聽別人談話，偷看別人的書信、日記或其他文件等，更是一種犯罪的行爲。

●借物不還

應盡量避免借用他人的財物，尤其手錶、車子、照相機等較貴重的物品。自己弄壞就算了，若是別人損壞，實在很難開口要對方賠償。不賠，平白蒙受損失；要人賠，又不好意思開口。至於現金，就更要愼重了。每個人的收入、支出都有固定的預算，借錢不還會打亂別人的生活計畫。更何況，一般人的錢財多數都是花費多番心血所得，造成別人金錢上受到損失，就等於讓對方白白爲你做了幾天沒有報酬的工作，這是多麼不公平的事啊！

●賣弄學問

無論你的知識多豐富，也不要在社交場合上以此來壓別人以顯示自己高人一等。除非別人願意做你的聽眾，你才能適當表現。

48好習慣帶來好運氣。保持好習慣將使自己走好運，對行走人生之路很有益處

林非並不是很有天分的人，學歷一般，但心眼好，重視友誼，所以交友廣闊。他經營一家水果店，生意興隆。有一天，他從外地出差回來，跟鄰座劉姓經理談得很投機。聽說劉經理是初次來本地，林非便熱情地爲他介紹旅館，並親自送到下榻處。過了幾個月，林非從外地購了一車水果，途經某市時車壞了，需要大修。林非生怕水果爛掉，急得如熱鍋上的螞蟻。突然想起上次遇見的劉經理就住在本地，就打電話問他能否幫忙。劉經理找了一些水果商，轉眼就將整車水果賣光了。

爲什麼有些人可以大富大貴，有些人卻爲付不起帳單而詛咒？雖然運氣是其中一個原因，但更重要的卻是多數人的壞習慣造成的。那麼哪些好習慣能帶來好運氣呢？

●面對現實

失敗的人在生活中喜歡自己欺騙自己，而成功的人卻能誠實地面對現實，腳踏實地。他們樂於靠自己打拚而不祈求命運，所以能平步青雲。

●珍視友誼

大凡失敗者都有個習慣，就是喜歡討好、巴結那些並對自己少有幫助的人，反而輕忽與自己關係良好的人。成功者則正好相反，他們重視朋友之間的緣份，並樂於爲之付出努力。

●穿著得體

失敗者穿著總是不得體，實際上這等於是明白告訴大家：我跟你們是不同類的人，我對你們的所做所爲不屑一顧。而成功者總是衣著得體，似乎在昭示：我跟你們是同類的人，屬於你們中的一份子，我可以獲得該屬於我的那份工作和職務。

●從不抱怨

失敗者往往對自己的前程絕望、悲觀，他們不喜歡自己的工作和所處的環境，總以爲周圍的人既虛僞又愚蠢。他們覺得任何事情都索然無味，完全沒有意識到，把自身的失意向別人傾訴，等於是告訴別人：我是個失敗的人。成功者相信命運是公平的，一分耕耘一分收穫，從不抱怨。

●與人和平相處

失敗者喜歡爭論不休。他們誤以爲朋友和同事會爲此被其精幹和聰明打動，對他留下深刻的印象，這實在是大錯特錯。如果你硬要挑起戰鬥，不只正經人會盡力躲著你，甚至會發現你被另一群好鬥的失意者包圍。這條路擺明會帶你走向失敗之地。成功者知道對與錯並不總是重要，重要的是與人和平相處，所以他們會盡量避免爭論。

49 握手雖簡單，卻能反映出握手者的心態與修養，稍不慎就會得罪人

李晶是剛踏出校門不久的社會新鮮人，有一次，他的同學王玲想將自己的朋友秀娟介紹給他，李晶興奮地和王玲一起來到秀娟家裡。在王玲的介紹下，李晶熱情地伸出手想和秀娟握手，但是秀娟卻沒有伸出手，只是說了一句「歡迎光臨」。李晶雖然沒有太在意，心裡卻總覺得不是滋味，心想：「難道我的手不乾淨嗎？」

社交禮儀中，握手是見面時常見的禮節，也是表達感情的一種方式。握手禮雖簡單，其中的各個環節卻能反映出握手者對對方的禮遇和態度，也能展現一個人的

人格與修養。所以掌握握手的技巧，會給別人留下良好的「第一次親密接觸」的印象。

●握手的時機

握手的時機取決於雙方往來的關係、現場的氣氛，以及當事人的心情等多種因素。一般而言，下列情況是適合握手的時機。

遇到久未謀面的熟人，在家中、辦公室裡迎接或送別訪客，被介紹給不相識者，在正式場合與朋友道別，在社交場合偶遇同事、同學、朋友、鄰居、長輩或上司，在辭別時，在他人向自己表示恭喜、祝賀時，他人給予自己一定的支持、鼓勵或幫助時，對他人表示理解、支持、肯定時。此外，應邀參與社交活動如宴會、舞會之後，在重要的社交活動如宴會、舞會、沙龍、生日晚會開始前與結束時，主人應與來賓握手，以示歡迎與道別。向人表示慰問或祝賀時，向他人贈送禮品或頒發獎品時，他人向自己贈送禮品或頒發獎品時等，都應與之握手，以示感謝。

不宜同交往對像握手的情況有：對方手部負傷或提重物，對方忙於他事，如正在打電話、用餐、喝飲料、主持會議、與他人交談等，對方與自己距離較遠，或是對方所處的環境不適合握手等。

握手的禮儀

在正式的場合，握手的雙方應由誰先伸出手，是行握手禮時最為重要的禮儀問題。倘若對此一無所知，在與他人握手時，輕率地搶先伸出手而得不到對方回應，氣氛一定會變得很尷尬。

具體而言，握手時雙方伸手的先後次序約有如下幾種情況。

年長者與年幼者握手，應由年長者先伸出手；長輩與晚輩握手，應由長輩先伸出手；老師與學生握手，應由老師先伸出手；女士與男士握手，應由女士先伸出手；已婚者與未婚者握手，應由已婚者先伸出手；社交場合的先到者與後來者握手，應由先到者先伸出手；上級與下級握手，應由上級先伸出手；職位、身份高者與職位、身份低者握手，應由前者先伸出手。

在某些特殊情況下，如果一個人須與多人握手，也應講究先後次序。一般是由尊而卑，即先年長者而後年幼者，先長輩而後晚輩，先老師而後學生，先女士而後男士，先已婚者而後未婚者，先上級後下級，先職位、身份高者後職位、身份低者。

在工作場合，握手時伸手的先後次序主要取決於職位、身份，而在社交、休閒場合，則主要取決於年紀、性別、婚否。

不過，在接待來訪者，客人抵達時，應由主人先伸出手與客人相握。在客人告辭時，應由客人先伸出手與主人相握。前者表示「歡迎」，後者表示「再見」。如果顛倒次序，則容易發生誤解。

●握手的方式

握手的標準方式，是行至距握手對象約一公尺處時，雙腳立正，上身略向前傾，伸出右手，四指併攏，拇指張開與對方相握。握手時力道應適度，上下稍晃動三、四次，隨後鬆開手，恢復原狀。

具體而言，在普通情況下與人握手，應面帶笑容，直視對方雙眼，並口頭問候。握手時切勿三心二意，敷衍了事或傲慢冷淡。如果在此時遲遲不握他人早已伸出的手，或是一邊握手一邊東張西望，甚至忙於跟其他人打招呼，都是非常不禮貌的。

向他人行握手禮時要站起來，除非是行動不便，否則坐著與人握手很沒禮貌。

爲了向交往對象表示熱情友好，握手時應當稍微用力。與親朋故友握手時，手勁可以稍大些，而在與異性及初次見面者握手時，則不宜出力。

握手的時間不要超過三秒鐘，握上一、兩下即可。若握手時兩手稍觸即分，顯得缺乏誠意，握手時間過久，尤其是拉住異性或初次見面者的手不放，則又顯得虛情假意。

50 值得信賴的人比能力強的人更易受到重用。如何獲得別人的信賴？

有位年輕人在某公司當業務員，有一天，他和客戶一起出去喝酒，不經意提到家鄉所釀的土產酒味道不錯，結果客戶很感興趣，順口說了句：「有機會回家，你帶一瓶讓我嘗嘗。」後來這位年輕人眞的送酒給客戶，客戶大爲感動，覺得他說話算數，值得信賴，後來，經常與他有生意上的往來。

一個人事業的成功，固然跟他本人的能力分不開，但如果不能獲得別人的信賴，就會「英雄無用武之地」。

●主動透露缺點

掩飾缺點，宣揚優點，是多數人的心態。有時主動透露出自己的缺點，反而會贏得別人的信賴。當然，這並不是意味著要將自己的缺點全都說出來，否則會破壞自己的形象。只須透露自己的一、二項無關緊要的缺點就行了，例如睡懶覺、性子急躁等。這樣會給人「雖然有缺點，但大體上沒問題」的感覺。

●使用肯定語氣

「絕對」、「一定」、「必須」等肯定語句有很強的心理暗示效果。希望別人接受自己的提案時，說這樣的話能讓人產生信服的感覺。

松下電器公司開始創建時，誰都無法相信松下幸之助能夠達到設定的奮鬥目標，但是他本人卻充滿了信心，對任何人都表示「松下公司一定會如期成長」，鼓舞了士氣。結果業績竟然真的達到他預期的要求。

「可能」、「也許」等模糊言辭，有時會給人一種不踏實的感覺。

●提前到達約會地點

與人約會要守時，這是人人皆知的道理。如果是由自己主動邀請的約會，最好比約定的時間提前十分鐘到達，表現出自己的誠意。

守時是一種守信的行爲，可以給人誠實的印象，進而產生信任感。

●如期償還小錢

先向人借點小錢，而且有借必還，等到建立信用後，再借大錢，然後逃之夭夭。這是騙子常用的方法之一。

很多人不將出借的小錢放在心上，甚至認爲根本沒有還的必要。騙子就利用了人們的這種心理，造成人的意外感來建立自己誠實的形象，達到詐騙目的。

我們也可以借用這種方法，建立自己的信用。換言之，即使向人借一塊錢，不僅要記得還錢，還要注意還錢的方法，藉此建立別人對我們的信任感。

這個論點不只適用於金錢，也可應用在各種情況。多數人都不會無緣無故相信別人，除非你給他值得信任的理由。

●不要為錯誤找藉口

道歉最好的方法是直接了當承認自己的不是，這樣會使原本攻擊你的人失去攻擊目標。

言詞閃爍會給人逃避責任的印象，使對方產生「他根本就沒有眞正認錯的誠意」的感覺。道歉態度的差異，會予人截然不同的感受，務必牢記這一點。

●遵守非正式的承諾

想讓人留下深刻的印象，製造「意外感」較容易達到目的。例如遵守一些非正式的、酷似不經意許下的諾言，會使對方因感到意外而對你留下深刻的好印象。

●幫人小忙，勝過誇獎

善於追求女性的男人都有一個特色，就是非常會獻慇懃。只要有需要，任何事他都會幫她做到。因爲男人深知想對女性表示關心，千言萬語不如一個行動。這種方法用到別的場合也同樣有效。你說得再動聽也不如確確實實幫人解決一些問題。

51懂道理是學問，講道理是藝術。即使真理在手，講不好也會變成無理

朱安娜相貌普通，平時不愛說話，在別人眼裡是老實忠厚的人，沒有什麼引人注目的地方。有一次，公司開會，朱安娜突然大開金口，把工作的事說得頭頭是道，並為基層員工爭取到一些利益。從此以後，同事們對她另眼相看，任何事都想請教她。

與人交往光講感情是不夠的，還須懂道理、講道理。有些人懂道理，可惜是「茶壺裡煮餃子，有卻倒不出來」。以下是講道理的十個秘訣。

●以事喻理

將道理建立在事實基礎上，讓事實講話，避免說大話、空話，有事實為證，即使口才差也沒關係。否則口才再好也沒用，騙得一時，騙不了一世。

●見微知著

小事情寓大道理。於身邊事講可望及的遠道理，於淺表事挖掘可觸摸的深道理。總之，要讓對方聽得懂，否則豈不是白費口舌？

●設問誘導

把大道理分解成若干問題，以問句提出。一來可引發興趣，啓發對方思考；二來則可用以創造平等和諧的氣氛，使人覺得不是在灌輸大道理，而是在共同探討問題。

●迂迴說理

正面講不通，不妨「旁敲側擊」，逐步引導，層層深入，最後「圖窮匕見」。有時也可借題發揮，講出「醉翁之意不在酒」的道理。

●動之以情

要經常聯絡感情，反省自己有無令人反感的地方，並及時克服和改正。當對方反彈較大時，要先疏通感情，不要只顧講道理。

●善用名言

一句富哲理的名人格言，可以發人深省，啓迪智慧。把大道理與名人名言巧妙地結合起來，可以讓大道理變得耐人尋味，富有吸引力。

●注意場合

交談環境對聽者的情緒影響很大。有些話在單獨相處時聽得進去，在人多時就聽不進去。因此，要選擇恰當的場合，與對方眞誠、平等地談心交流。

●語言魅力

以適應交談對象的「口味」爲出發點，充分發揮口語的魅力，把道理講得有聲有色，生動活潑。美妙的語言是大道理磁石般的外殼，能吸引聽眾深入理解「內核」。

●點到為止

「冷飯炒三遍，狗都不吃。」生怕人家聽不懂，翻來覆去地講同樣的道理，結果適得其反。該講的一定要「點到」，同時又要留下充分思考的時間，讓對方去領悟。

●言行一致

你認爲什麼事有道理，就按你認可的道理去做。說是一套，做是一套，等於在「販賣劣質產品」，很難讓人信服。

第四篇
生活經驗

人生是一種優勝劣汰的競爭，你想衝在前面，必須突破別人的阻擋；你想成為勝者，必須承受別人的攻擊。人生有時就像拳擊台上的搏鬥，很難毫髮無傷地贏得勝利，最後的結果不僅取決於打擊別人的能力，也取決於防禦的能力。

當然，人生不僅僅是一場優勝劣汰的競爭。專注於人生目標，避免無謂的爭鬥，不只是一種能力，也是一種智慧。一味地猛打猛衝的人，很容易半途跌倒。

第一章 懂得分享才能樂在其中

52 保留己見，適時退讓

文松因故被扣獎金，喝酒發洩怒氣，然後借酒壯膽衝進主任辦公室，將主任臭罵了一頓，說他是個「吃人不吐骨頭」的傢伙，好事不做，只會做損人利己的缺德事。主任沒有和他硬碰硬，靜靜地聽他罵我後，說道：「等你酒醒了，我們再談。」第二天，主任將文松叫進辦公室：「你說我『好事不做，只會做損人利己的缺德事』，可以舉個例子嗎？」文松自知理虧，十分後悔，承認了自己的錯誤。

在工作和生活中，很難完全沒有意見分歧或衝突。處理失當，可能會留下心結；處理得當，就能化戾氣為祥和。

●平心靜氣化解爭執

與人發生衝突時，千萬不要急躁。一急就容易與人發生爭吵，一旦吵起來，誰也拉不下面子，只好硬著頭皮上。頭腦要冷靜，仔細分析對方說的話是有根據或道聽塗說的，是臆想猜疑或受人挑撥的。釐清爭執的起因，可以就事論事，消除對方的誤會。你只要態度溫和、寬容，不斤斤計較，並且勇於承擔自己的過失，自然會使本來想發怒的對方，覺得自討沒趣而放棄吵鬧。

大部分的人通常是不想在人前示弱，才一時無法消弭事端。此時，不妨轉移話題，利用幽默感紓解緊張的氣氛，避免衝突加溫。如果遇到別人無理取鬧，可視情況，決定該嚴肅看待或一笑置之。一笑置之，通常有助於擺脫尷尬、難堪的局面。這種做法，既可避免與人發生爭吵，又可以讓自己有台階下，有時甚至可以突顯對方的錯誤，一舉數得。

●保留己見，適時讓步

道理不是吵出來的，「公說公有理，婆說婆有理」，可能都有理，也可能都沒理，爭吵毫無意義。在「無所謂對錯的爭論」中，各自保留意見是一種適當的讓步。在無法說服對方改變觀點時，應該提議各自保留意見並停止爭論。

有時一句氣憤的話、一個輕蔑的表情，都可能成爲引起爭吵的導火線。每一個人心裡都有一條界線，越過這條界線，就容易使人惱羞成怒，引起爭吵。當對方抱怨時，你不必急於解釋，因爲這樣對方會認爲你在找藉口。如果對方的抱怨有理，就先向他表示歉意，等對方情緒平穩後再作解釋。多數人在受到重大刺激、情緒惡劣時，最容易對周圍的人「發洩」。這時你如果跟他計較，就會成為他的「出氣筒」。所以，你必須暫時避開，等到他冷靜下來，再跟他談你想要表達的意見。

53 最可怕的敵人是自己的猜疑心

芳儀見丈夫阿德在路上與一名年輕女子交談，心生疑竇，當她走過去時，兩人卻馬上分開。芳儀問阿德那人是誰，阿德說是問路的。芳儀不相信，每天疑神疑鬼，覺得各種跡象都表明阿德有外遇。有一天，阿德打電話給她，說公司有事要晚一點回去。芳儀不放心，跑到阿德的公司打聽，剛到公司門口，卻發現阿德與一名中年女子上了一輛車。芳儀立刻攔了一輛計程車尾隨在後。最後，阿德和那名女子走進一家高級賓館。芳儀覺得自己的猜測獲得證實，心想：「這麼老的女人都要，不要臉！」她追上去，劈頭就破口大罵兩人。其實，這名女子是阿德的主管，她跟阿德一起前來探視住在這裡的一位客戶。女子不堪受辱，翌日就辭退阿德。阿德震怒，打算跟芳儀離婚。

猜疑是一種心理現象，是缺乏「安全感」引起的。很多人經常因為擔心人際關係而對周圍環境過度疑慮。社會生活複雜，一旦人們對某種情況或某個問題缺少眞實訊息，就會用猜疑來做出不合理的判斷。

猜疑產生的根本原因是缺乏自信和缺乏對他人的信任。猜疑既影響人際關係，也影響情緒和健康。那麼到底要如何消除人與人間的猜疑呢？

最簡單的方法是「誠心待人，樂觀處事」。

建立自信，與別人眞誠相處，是治癒相互猜疑的根本之道。遇事時多往好處想，很多事都是別人無心，自己卻偏偏往壞處想造成的結果。甚至許多問題不是別人對你有成見或有不利於你的行爲，而是自己的多疑產生的誤解。

當思維中出現猜疑的信號時，首先必須判斷你的猜疑是否具備充分的理由。疑點很多，應該設法證實。證據模糊不清，主觀臆測過多，甚至帶有很強的猜度色彩時，你就應該避免猜疑，抱持「沒有證實就等於不存在」的心態，這樣就能消弭很多猜測引起的無端紛爭。

54展現高EQ，培養人際好關係

在一次官司中，俊德覺得律師文傑收費過高，向文傑表態時語氣頗重，文傑心生恚怒，認爲價錢已經事先談好，而且自己也費盡心力，現在眼看就要打贏官司，俊德卻提出這種無理的要求，他不由得火冒三丈，聲稱他再也不管這件官司了。俊德見文傑發火，擔心弄巧成拙，於是立刻改口道歉：「對不起，我爲我的態度道歉。你有權生氣，請你原諒。」文傑沉默了一會，說道：「沒關係，俊德，我的收費可能高了一點，我也應該道歉。我重新開個價，希望不會影響彼此的交情。」

人不會無緣無故發怒，通常是因爲別人說了或做了什麼，也可能因爲自己主觀認爲別人說了或做了什麼，導致情緒不佳。如果你遇到一個正在氣頭上的人，應該如何消除他的怒氣呢？

●以柔克剛

當對方在盛怒之下、毫無理性地向人發洩憤怒情緒時，你應該採取「以逸待勞」的方法，保持鎮定。切忌選擇以牙還牙的強烈手段，以免火上加油，使得局面不可收拾。當對方大發脾氣時，你應該保持冷靜，找出對方發怒的原因。最好的方法是提出探索性的詢問，讓對方吐露憤怒的原因，再設法加以解決。一般而言，生氣的人總是認爲別人不夠理解或同情他，你不妨以此爲出發點，設身處地瞭解他的感受和處境，引導他適時發洩出來。浮躁的情緒得到宣洩，怒氣自然會平息下來。

消除他人怒氣最好的方法就是，報之以善意友好的態度。生氣的人意識到周遭人態度溫和，只有自己氣憤難當、大吼大叫時，礙於自尊，也擔心自己的無理取鬧被人當笑話看，很快就會恢復冷靜。你可以利用這種心理，支配和控制發怒的人，巧妙安撫他的情緒，讓他重新恢復理智。這樣，既能使自己擺脫尷尬的氣氛，又可以給對方台階下，當然，更能展現你的寬厚待人。

●對症下藥

別人生氣，可能是因爲你的不當舉措或他的誤解，也可能是牽怒於你。不管其怒火從何而來，也不管對方是誰，你都應該找出解決問題的方法，避免傷了和氣。首先，可以先詢問他生氣的原因，找到原因之後，再對症下藥。如果眞的是你的錯，就要立刻道歉。如果是其他很難解決的原因，你不妨展現你的氣度，先放低姿態，一句對不起，通常可以速迅消除對方的心結，不必誰對誰錯。

面對因爲感覺自己受到輕視、冷落而發怒的人，適時地表現關注、重視的態度，讓他感受到自己的重要性，是消除其怒氣最好的辦法。這種人希望自己被關心。強烈的自尊心不允許他被輕視，當然，更不能接受自己被當成多餘的人。要消除這種人的怒氣，建議可採取尋求其協助、徵求其意見等方式，讓他感受到自己的必要性，那麼他的怒氣一定很快就會平息。

55 拋開既定成見，活出人生的精采

曉妍與玉玲合租一層公寓，曉妍晚上經常加班，每天都很晚起床，而玉玲的公司很遠，一早就得出門。於是，曉妍早上還在睡眼惺忪之際，玉玲已經在廚房做早餐；玉玲晚上睡得正熟時，曉妍卻在嘩啦嘩啦地淋浴。爲此，兩人經常吵架，結果不久就拆夥了。

體諒別人，是生活中的一門藝術。個性成熟的人，懂得包容對方的弱點與短處，幼稚無知的人才會按照自己的標準挑剔別人。

●不依自己的標準要求他人

《世說新語》記載：管寧和華歆曾經同坐在一張蓆子上讀書。一天，某個乘車、戴禮帽的顯貴人士從門口經過，管寧繼續讀書，華歆卻放下書本，走出去觀望。結果，管寧割斷蓆子，分開坐，並對華歆說：「你不是我的朋友。」

古云：「同師曰朋，同志曰友。」管寧與華歆師出同門，交情深厚，卻剪蓆絕交，是件悲哀的事。古聖先賢講究君子安貧樂道、恥言富貴，管寧割蓆之由，是因為華歆有崇尚富貴之嫌。世人歷來讚賞管寧割蓆品節高尚，但從交友之道上看，管寧對朋友似乎太苛求了。

人各有志，每個人都是獨立的，思想和見解當然不可能只有一個標準。只需一、二個共通點或志趣，就能成為朋友。即使不是知己，也可以是一般朋友。我們平常講的謹慎擇友，只不過是為了避免與不良份子來往而已。每個人的思想、文化水準不同，對事物的看法也會有很大的差別。有人習以為常的事，有人卻聞所未聞；有人認為值得驚奇的事，有人卻見怪不怪。因此，一個聰明而有理智的人在客觀事物面前，既應該有自己獨特的見解，也應該設身處地站在他人的角度想。學會體諒人，也就是學會尊重他人。

●尊重他人的喜好

靜瑩交了一個男朋友，兩人一開始相處得很融洽，但後來談到對未來新房布置時卻發生爭執。靜瑩要求男友的審美觀上與自己相同，如果男友有異議，她就認爲對方不可思議，無法理解他的想法。男友也覺得她怪、不可理喻，不久就提出分手。

由於靜瑩總是抱著一種要別人遷就自己的想法，所以她在交友與戀愛上不斷受挫，最後竟封閉起自己，失去友誼和愛情。沒有人喜歡固執己見的人，更不喜歡不尊重自己意見的人。如果我們多包容他人的意見，以寬宏的態度看待各種人事物，生活將會更精采。

56 給人台階下，就是給自己面子

佳琪自恃口齒伶俐，經常不顧別人尊嚴，以揭發他人短處爲樂。有一天，當佳琪在大家面前挖苦別人而洋洋得意時，對方勃然大怒，用力給了她一記響亮的耳光。在場的人無不竊喜，認爲佳琪自取其辱，「欠揍」。

在社交活動中，不讓別人出醜，不但是處世的一大原則，也是為人的一種美德。那麼應該注意什麼原則呢？

●不揭人短處

如果不是為了某種特殊需要，應該盡量避免觸及對方的忌諱，更不能讓人當眾出醜。根據心理學的研究統計，每個人都不喜歡把自己的隱私公諸於眾，一旦被揭露，就會感到難堪或惱怒。

在公共場合中，任何人都有可能犯錯，例如念錯字、記錯對方的姓名、禮儀不得體等。當我們發現別人出現這種情況時，只要無傷大雅，就不該大肆宣揚，更不能抱著譏諷的態度而小題大作，或是以人家的失誤在眾人面前取樂。這麼做不但會使對方難堪，使他對你產生反感，甚至會損害你自己的形象，讓人以為你為人刻薄，而對你產生戒心。

與人相處就像下棋，只有閱歷不深的年輕人，才會一口氣贏對方七八盤，眼見對方已脹紅臉、抬不起頭，還在興奮地喊「將軍」。如果你的工作表現已經十分搶眼，不妨在其他方面退讓一步。凡事想出頭，反而會給人壓迫感。一旦你損及別人的自信，很快地，就沒人願意與你合作了。

●樂於提供「台階」

我們不但要盡量避免因自己的不慎造成別人下不了台，更要學會在對方尷尬時，及時爲其提供一個「台階」。

在給人「台階」時，要不動聲色。既令當事者體面地「下台」，又要盡量不使在場的人察覺，這才是最巧妙的「台階」。舉個例子。有一天，某位外國客人在台北福華飯店請客，請十個人點三瓶酒。女服務生知道十個人五道菜至少得有五瓶酒，但客人看起來並不富有。於是，她不動聲色地親自爲客人斟酒。五道菜後，客人們酒杯裡的酒還是滿的。這位外賓臉上很光彩，感激淑慧適時幫他圓場，臨走時表示下次還要來此光顧。ＥＱ高的人，往往都會不著痕跡地協助對方擺脫窘境。

適時給人台階下，不僅能夠保住對方的面子，有時還能博得對方的感激，贏得一段友誼。

57 認識自己，找到適合自己的定位

宇文自小喜歡唱歌，夢想成爲一名歌星，但他的音域窄，音質普通，又沒有資

本接受專業訓練。有人建議他另謀出路，宇文卻執意追逐他的明星夢。結果，奮鬥許久，還是只能在KTV唱歌過乾癮。

理想有時是盲目的，沒有衡量客觀條件的理想，只是一種幻想。例如一個身高只有一百五十幾公分的人想成爲籃壇巨星，其可能性微乎其微。當然，奇蹟永遠都有可能發生，這就是奮鬥的魅力所在。不過，如果你想事半功倍地取得成功，還是充分利用現有條件比較好。

那麼應該要怎麼做呢？首先，要認清自己，找到屬於自己的定位。

在生活中有許多人不瞭解自己，找不到適合自己的位置，而沒有步入成功之門。「知己」和「知彼」一樣，並非易事。正因爲這樣，每個人根據自身的特點，選擇合適的努力目標，是要經過一番摸索、實踐的。人無全才，各有所長，亦有所短。所謂發現自己，就是充分認識自己所長，揚長避短，認清目標。唯有如此，才不會好高騖遠，才能在這個世上找到一塊立足之地。

急於求成的浮躁之風已成常態，其實，成功不是一件輕而易舉的事，沒有長久的奮鬥，連一點小成就都不可能有。不要想一步登天，一定要持之以恆，以平常心面對成敗。

每個人都在成長，都在尋找適合自己的位置。社會新鮮人的經驗、歷練貧乏，僅有的優勢可能只是自己的專業，絕對不能輕易放棄，而且要杜絕不切實際的盲目樂觀。在尋找自己位置的過程中，最重要也最難得的是保持一顆平常心，客觀地看待自己，客觀地看待奮鬥，客觀地看待成功。

第二章 能者，是反敗為勝的人

58 挫折是人生最好的磨刀石

宜虹畢業於某明星大學化學系，懷著滿腔熱血與抱負，一心想成為台灣的居禮夫人。然而，出社會後，挫折接踵而來：公司實驗室簡陋、主管平庸、人際關係複雜。理想與現實差距太大，她曾試著去改變現狀，但換來的卻是更多的無奈。她的熱情逐漸消逝，鬥志幾乎消磨殆盡，最後，她放棄了最初的理想，嫁作他人婦，洗手作羹湯，平淡度日。

人生難免有挫折，而且隨著社會的發展，競爭越來越激烈，面臨的困難也越來越多。

●利用挫折鍛鍊意志力

空氣對老鷹的翅膀形成阻力，但若沒有空氣，老鷹就無法飛行。挫折是生活中的一部分，追求沒有煩惱或挫折的生活，根本就是一種幻想，只是徒耗生命而已。

遭遇挫折時，要勇敢面對，積極尋找解決的辦法。再者，已經解決的問題就要從記憶中拔除，不要一直記掛著。痛苦的感受猶如泥濘的沼澤地，越是不盡快脫身，就可能會陷得越深。

大部分的人都會在意他人的眼光，但無論是比你強或比你弱的人，同樣會遇到困難，同樣會感到悲痛，所以我們不必自慚形穢。奮鬥是一個延續的過程，暫時的挫折不是最終的結局。世界上絕對沒有過不了的難關，許多看似無法抗拒的不幸，只要不鑽牛角尖，還是能夠掙脫。

遇到挫折時，不要怨天尤人、滿腹牢騷，而要心平氣和地看待它。推卸責任，不但無助於解決問題，反而會使情況變得更糟，甚至無法擺脫困境。「磨難是人生的另一個太陽。」經歷越多磨難，意志力會越堅強。就像燒紅的鋼刀在冷水裡反覆浸泡，久而久之，就會鍛鍊出一把鋒利的寶刀。

有些人在經歷過一次挫折後，就對自己失去信心。要解脫自我否定的心理，不妨經常在頭腦中輸入一些積極資訊。自我激勵的作用是影響自己的潛意識，有時會得到意想不到的效果。例如大聲讀出一些名言佳句、勵志文章，或者經常告訴自己「我很棒」、「我一定能成功」等的話。將自己想像成一位勝利者，並描繪勝利的情景，也能有效消除挫折感。

●敞開心胸更上層樓

許多領域的成功人士多半認爲，害怕失敗而放棄嘗試的機會，就不可能進步。沒有勇敢嘗試，就無從得知事物的深刻內涵，各種嘗試的體驗會成爲未來發展的基石。觀察事業成功者的奮鬥歷程，就會發現他們大都「不安於現狀」，而且積極進取。我們應該不斷挑戰新事物，明天爬的山永遠比今天爬的山高。實踐能夠增加勇氣，畫地自限的人容易心虛、缺乏自信，碰到重大事件就裹足不前。不斷嘗試，是增加勇氣的捷徑。

有些人總是把自己關在與外界隔絕的象牙塔中，孤芳自賞。這種人不願與外界來往，畏首畏尾，思想保守，經常以消極的態度應付外界。事實上，只要勇敢走出象牙塔，就會發現原來世界是如此多彩多姿、趣味無窮。建議多借鑒別人的經驗。汲取成功者的經驗，能夠縮短掌握眞知的過程，比靠自己摸索有效率。

●培養堅強的自信心

信心是一種堅強的內在力量，它可以協助你度過最艱難困苦的時期，直到曙光出現。進行訓練，有助於增強自信心。例如多數人參加聚會時，喜歡搶後面的座位，因爲這些人都不希望自己太「顯眼」。他們之所以怕受人注目的原因就在於缺乏自信。切記，有關成功的一切都是顯眼的。如果要成功，就要坐到最前面。在會議中多發言，能夠增加信心，同時可以克服下次再度發言的心理障礙。主動發言是展現信心的表現。

在日常生活中，微笑是一種習慣，若沒有養成這種習慣，怎麼看都不自然。只要習慣，心態自然而然會產生變化。不敢正視別人通常意味著自卑，正視別人等於告訴對方：我和你是平等的，我有能力做任何事，你不一定比我強。直視別人的眼睛，能夠增加自信，還能爲你贏得別人的信任。堅定地抬頭挺胸吧！你會感受到自信心正在增長。

59 突破瓶頸，從「新」出發

青峰在某私人企業工作，最初他雄心勃勃、幹勁十足，很快就當上主任。這時，他的熱情開始消退，對每天按部就班的工作感到厭煩。他很想爬上經理的位置，但自身條件遠遠不足。因此，他感到很苦惱，猶豫著是否該另覓其他工作。

當你遇到瓶頸而進退維谷時，應該怎麼辦呢？

一味地等待上司或命運爲你創造機會，太過消極。你應該確立一個更具挑戰性、更遠大的目標，爲自己找一個努力的理由。雖然目標不可能立刻實現，卻能使它提前。換工作是很大的賭注。不過，對喜歡冒險的人來說，也許是最好的選擇。換工作意味著可能必須從頭開始，當然也表示你將學到新的經驗。這是未來承擔重任的籌碼，其間的風險則是應該支付的「學費」。

進退兩難而又無法改變工作的人，必須以自己的方式來發揮知識和技能。其中一個有效的方法，就是做年輕同事們的良師益友，不但能加強溝通能力，更可以經營人脈。爲人師亦爲人徒，學習有助於提高工作的技能，甚至可以啓發新的興趣而接觸新的工作領域。當然，也可以爲學習而學習。在激烈的工作競爭中，只有主動學習、能夠適應環境及有先見之明的人，才能把握機會。

此外，工作之外不能忽略私人的時間。工作的壓力往往讓我們沒什麼時間陪伴配偶、子女、朋友，尤其是自己。獨處的時間很重要。適時的釋放壓力，有助於保持充沛的創造力。

60 解開挫折的束縛，積極擁抱人生

柏毅原本是一個好學上進的青年，最近卻變得意志消沉，因爲他被公司炒魷魚又失戀。於是，他沉迷於喝酒、賭博，結果使得原本就不寬裕的生活更是捉襟見肘。幸虧在朋友的開導下，他重新振作，擺脫了以前的頹廢。

生活中並不只有歡笑，不如意的事也經常發生，但挫折並非一無是處，它能使我們注意不幸的起因，同時教我們正視自己的弱點，跳脫絕望的深淵。那麼，我們應該如何面對各種接踵而至的困境呢？

●看待事物的光明面

奮鬥得到的結果與期望相反時，很容易讓人產生惰性。懶散的人普遍具有以下幾種心態：一種是自己懶惰，凡事依賴他人；一種是抱僥倖心理，想不勞而獲；另一種則是得過且過，總是用「船到橋頭自然直」爲自己的惰性找藉口。懶散的人不思進取，態度消極，小事不願做，大事做不來，結果當然是一事無成，更談不上成大器、立大業。切記，行動雖未必能帶來好結果，但不做絕對不可能成功。盡快擺脫懶惰的糾纏吧！

困難是惰性之源，其解決方法是：

1、不逃避問題：視而不見，希望困難自動消失的做法是不可能的。遇到瓶頸時，應該激起內在的防禦力量，衡量困難的大小，對它進行分析。這時，你會發現問題不如表面看起來棘手。當你著手行動，可能會產生意外的靈感和意想不到的機遇。

2、尋求幫助：好強不是一種好習慣，能力再強的人也無法獨自解決所有的問題。有人覺得遇到困難尋求協助是沒面子的事，千方百計地加以掩蓋；有人說：「這是我個人的問題，我自己可以處理。」這兩種態度都是錯誤的。正確的做法是盡量尋求幫助，即使被人拒絕也不要氣餒。

●正視煩惱

產生煩惱的原因主要有以下幾種：

1、在現實生活中，個人的慾望和需求得不到滿足，即理想與現實發生衝突；

2、人際關係差，容易與人發生爭執；

3、在工作中遭遇瓶頸；

4、學業成績不理想；

5、在生活中遇到各種不如意的事。

煩惱是一種心理活動，而且會反過來對心理產生嚴重的影響。

首先是影響人的正常思維，約束思想的深度和廣度。一旦煩惱纏身，就會變得千頭萬緒，無法冷靜思考，甚至開始鑽牛角尖。當然，還會影響多數人對事物的正確認識，注意力全放在遇到的挫近上，結果產生各種偏見。

其次是影響心理健康，包括損害身體健康。根據研究資料顯示，負面情緒造成的壓力越大，身體消耗的能量就越多，再加上煩惱會影響食慾，導致能量補給不足，形成惡性循環。身體衰弱，免疫力降低，就會誘發各種疾病。再者，煩惱會打擊人的信心，讓人意志消沉，生活缺乏生氣，最後對人生感到絕望，失去向前走的勇氣。

消除煩惱的有效途徑是，融入人群中，多跟想法積極的人來往。或者是投作工作，利用工作的成就來補償心理的不平衡。切記，不要跟別人比較，因爲痛苦往往是比較產生。

●控制生活壓力

生活充斥著不如意的事，例如匆匆趕赴重要約會時，卻遇上塞車；朋友來訪時，抽水馬桶卻壞了；渴望休息時，鄰居養的狗卻吠個不停。即使遇到這麼多瑣碎而令人心煩的事，也不應讓它們成爲生活中的壓力，否則你將被壓得喘不過氣來。其實，事情本身不一定就是壓力，而是我們處理不當造成了緊張。否則，生活中也發生了那麼多值得高興的事，爲什麼不能讓你開心呢？

消除壓力的眞正關鍵是控制能力，建議以積極的心態看待問題。例如因塞車而無法如時趕赴女友的約會時，你應該高興，因爲正好可以試驗她對你的感情。如果一點小事都不能原諒你，你應該慶幸及時看清她的爲人。鄰居的狗吵得你難以入睡時，正好可以訓練你的定力，如果在吵鬧的環境中都能睡著，那麼以後在任何情況都能入睡。許多成功者的「臨危不亂」或「不動如山」，其實都是在沈重的壓力下培養出來的。

61 孤獨能帶來寧靜，也能扼殺熱情。走入人群，擺脫孤獨吧

秀慈是一個美麗、好學的女孩。剛到台北時，沒有親人、朋友，再加上住在郊

區，與別人來往諸多不便，頓時陷入孤獨寂寞之中。雖然公司有幾位男同事主動接近她，她卻害怕上當受騙。不久，還是耐不住難熬的寂寞，終於帶著遺憾回家鄉。

擺脫孤獨最有效的方法是走進人群，試著吸引別人到你的身邊。那麼，遇到這種情況時，該從何處著手呢？

●首先，要真誠待人。

安慰哭泣的小孩幫助迷路的人、在客滿的公車上讓座，或是慰問心情不佳的同事……這雖然些是微不足道的關懷，卻能讓對方感受到自己的善意，有助於鼓舞對方親近自己。對別人親切，就是擺脫孤獨的第一步。

許多年輕女性誤把害羞、內向當成有教養，而刻意保持沈默。這樣，反而會使別人以爲她們不願與自己來往，自然不會去主動接近她們。敞開心胸，擁抱人群，生活將會徹底改觀。我們不必急著隱藏自己的缺點，曝露缺點並不可恥，可能還會因此建立起良好的人際關係。在一個團體中畏首畏尾，是孤獨的根源。

學歷高的人在別人面刖通常會有一種優越感，認爲自己與「粗人」等級不同，難有共同語言。事實上，只要拋開這種成見，積極融入他們，就會發現對方的層次並不如想像的低。

●其次是要學習分享快樂。

有的人經常滿腹牢騷，怨天尤人。這種人很難交到知心朋友。整天把「我」掛在嘴邊的人，容易讓人反感，這種行爲就像在強迫性的自我推銷，反而會將自己推入孤獨的深淵。

不要經常有競爭的心理，合作是最有力的競爭，如果人人都願與你合作，哪怕只是給你一點點幫助，你也是最頂尖的人。同樣地，你也可以將自己擁有的資訊提供給有需要的人，這是一種表達善意的方法。久而久之，別人自然會樂意與你分享快樂。

有的人經常在因爲寂寞而想找朋友聊天時，才發現忘了某些人的名字。每個人的朋友都很多，但當你試著去擬一份友人名單時會很驚訝地發現，眞正能正確記出的姓名竟然如此稀少。世上最美妙的聲音，莫過於別人呼喚自己的名字。公司中與自己毫不相關的同事或不同階層的人叫出自己姓名時，都會讓人感動莫名。因此，希望別人記住自己的名字之前，應該先熟記別人的名字。

62 失敗為成功之母

建明原本是一家大企業的主管，薪水高、事業心強，認爲與其爲別人賣命，不如自己創業，於是，自立門戶當老闆。然而，闖盪一番後，公司還是倒閉。建明這次認眞地檢討失敗的原因，得到許多新的體悟。後來他，重新聚積力量，捲土重來。這次他謹愼行事，凡事有條不紊，使得公司很快穩定成長。

細心檢討失敗的原因很重要。務求正視失敗，避免重蹈覆轍。許多事業上遭遇重大挫折而屹立不搖的人，就是善於從失敗中汲取成功的經驗。失敗的原因大致有下列幾種原因。

●坐對位置

俗話說：「男怕入錯行，女怕嫁錯郎。」失敗有時不是能力不足，而是沒有找到讓你充分發揮能力的場所。

美國某位成功的電影製片人，先後被三家公司革職。他建議拍攝的《埃及艷后》，票房奇差，被公司裁員。在紐約，他擔任某文庫編輯部的副總編，但是董事會卻另外延聘了一個外行人，二人衝突不斷，於是他又被開除。回到加州，他進入福斯公司，不過，股東們不喜歡他所建議拍攝的幾部影片，結果他又遭到革職。

他開始仔細檢討自己的工作態度。他一向直言而愛冒險，喜歡憑直覺做事。他厭惡委員會統籌管理的方式，更不喜歡這種企業習性。歸納出失敗的原因之後，他自立門戶，成功拍攝了多部膾炙人口等電影。事實上，他不是一位失敗的公司行政人員，而是天生的企業家，只是過去沒有讓他發揮潛力的舞台罷比。

●全力以赴

很多人只投注一半心力在工作上，成就當然就遠不如能力不如他們卻比他們勤奮的人。「勤能補拙」是很簡單的道理。某位屢逢失敗的人，曾請教某位成功的企業家：「爲什麼我無法賺大錢？」結果，對方回答：「如果你每天像我一樣熬出黑眼圈，你就能賺錢了。」

選擇一個適合自己的明確目標，釐清事情的輕重緩急，組織出對於這個目標有益的行動，這些都是成功之道。有些人做的事情很多，卻都是半吊子。某位房地產商人，居然不知道自己到底擁有多少筆土地。他不斷地增加交易量，不斷地擴充業務範圍。他說：「眞的很刺激，我想要挑戰自己的極限。」不久，銀行發函通知，表示他擴張過度，風險太大，準備停止授權信貸。

最初他，怨天尤人，埋怨銀行、經濟環境、職員。最後他冷靜思考，不得不承認：「我沒有量力而爲，欲速則不達。」於是，他重新訂定目標，從事他最拿手的生意——發展房地產。數年之後，他終於成爲一名行事有度、有分寸的成功的商人。

●掌握發球權

世事無法盡如人意。例如遇到人事大地震，新上任的主管想要聘用自己的班底，迫使你離職，那麼你該怎麼辦呢？事情既然發生了，千萬不要自怨自艾。切記，任何時候你都有選擇的權利。隨時可能會出現機緣、巧合，也許冥冥之中有更適合你的安排。即使會打亂你當初的生涯規畫，也要記住自己永遠有選擇的餘地，不要任人擺佈。

每個人的經濟狀況通常取決於其能力。上一輩的財產可以繼承獲得，這點我們無法控制，但是自己的能力——可以在市場上推銷自己的技能——則可以憑藉自己的努力學得。社會上的失敗者，多半不了解這個道理。他們滿足於現有的能力，而不設法增強。他們甚至無法正確判斷事情的輕重緩急。

時間是固定的，不會因爲事情的輕重而有增減。然而，事業失敗的人卻始終不懂做事要分輕重緩急的這個顚撲不破的眞理。事實上，放棄相對而言不重要的事情，而把精力運用於重要事情上，不是一種損失，相反地，是一筆很划得來的買賣。

63 越挫越勇，扭轉奇蹟

嘉興想跟一位大客戶合作，多次拜訪都遭到回絕，對方認爲嘉興的公司小，不值得信任。許多人都勸嘉興放棄，但他卻不肯罷手，一次又一次地登門造訪。最後，他的誠意終於感動對方，跟嘉興簽了一筆可觀的訂單，兩人還結成了莫逆之交。

成功永遠是少數人的事，因爲只有少數人才有克服困難的能力。他們到底是怎麼做到的呢？

●抱持必勝的決心

人是環境的動物，性格並非天生如此，而是由出生後的環境決定的。無論遭遇什麼困難，始終認爲自己一定要成功的人最後一定會成功。遇到挫折就想逃避，是一般人的通病。很多人認爲自己做不到的事，也不太可能被要求做到。例如你不可能三天之內造出一架太空梭，也不會有人這樣要求你。問題一定是你能夠解決的。事實上，失敗與成功只是一線之隔。愛迪生曾說：「失敗爲成功之母。」只要擁有向上的決心，必定能在失敗中尋獲成功的鑰匙。中途就灰心喪志，永遠嘗不到成功的果實。

堅忍不拔，就會看到曙光的來臨。獲得成功的人，往往具有無比的耐心。他們能夠不厭其煩地努力。磨練越嚴苛，所得到的收穫也越大。因此，凡事務求持之以恆，堅忍到最後一刻。

●挫折激發潛能

看待事物的光明面，能夠增加勇氣。某位年輕人暢談自己的成功經驗時，說道：「我在一家資訊公司工作，待遇普通，就我的資歷而言，還算可以接受。當時，公司營運狀況欠佳，不得不裁員。當我接到資遣的人事通知時，簡直是萬念俱灰。後來，因禍得福。我本來就不喜歡這個工作，若不離職，未來很難有所發展。失去工作，正是找到另一個眞正喜歡的工作的好機會。不久，我果然找到一個更稱心的工作，薪資也比以前好。因此，我發現被資遣反而是好事。」

你所見的其實是你認爲如此的事物，請處處往「好」的方面想吧！這樣就能順利克服失敗的打擊。如果眞能培養出觀察入微的眼光，自然能夠看到事情往好的方向發展。

危急時，人們通常會產生意想不到的力量，不服輸的熱情能夠幫助你擺脫困境。在普通人眼中，這種鬥志就像奇蹟；從潛能的角度來說，這就不算是奇蹟，而是必然。原本被認爲一事無成的人，突然做了一件令人激賞的事，就是這個緣故。無論遇到什麼樣的難關，只要有熱情和慾望，絕對都可以突破。

人生就是如此，能夠飛黃騰達的機會很多，而這些機會多半隱藏於身處逆境時。逆境中產生的鬥志和熱情，會衍生出無比的力量，帶來意想不到的結果。

64 不與小人正面交鋒

阿剛性格開朗，聰明能幹，極受老闆賞識。同事小劉經常主動親近阿剛，兩人成爲無話不談的好朋友。後來，阿剛發現老闆對自己越來越冷淡，大惑不解。後來才知道，原來是小劉將他平日批評老闆的話加油添醋地向老闆打小報告。

某些心胸狹隘、小心眼的人，平日無所事事，喜歡打聽別人的隱私，無端造謠生氣，唯恐天下不亂。這些人對團體的凝聚力是極大的威脅，若不加以制止，容易造成團體分裂。那麼，我們應該如何識別這些人呢？

●小人的心理

小人普遍有投機取巧的心理，喜歡製造混亂，一有風吹草動就興奮不已。具體表現如下：

1、獵奇心理：小人喜歡空穴來風、言過其實的消息，像一個不辨眞僞的「收藏家」，對任何八卦都有興趣，來者不拒。

2、求證心理。這種人對人對事總是疑神疑鬼，希望自己的想法能得到證實，一旦聽到相關的傳言就以假爲眞。

3、趨同心理：喜歡追求流行，不是害怕風險，就是不願表現自己的特殊個性，以免「誰出頭誰倒楣」。由此而形成一種惰性：大多數人相信的，我也應當相信。我應該和別人一樣，何必眾人皆醉我獨醒？

●小人的嗜好

1、喜歡駭人聽聞的消息：例如某某電影明星神秘之死、某某名人結了幾次婚、飛機失事摔死多少人、火車爆炸造成停駛多久時間、幾個犯人持槍潛逃何地、現在流行什麼等。

2、喜歡各種桃色新聞：特別關注周遭人出現的桃色緋聞。

3、喜歡與切身利益相關的小道傳聞：某位女士在公車上看到幾個人聚在一起，低聲嘀咕。她覺得這些人神情曖昧，於是豎耳聆聽：「她老公……和……逛公園……」，又覺得說話的人似乎在看她，好像在談論自己的丈夫。結果，聯想到自己丈夫平時的舉動，回家後就尋釁與丈夫吵架。第二天暗中盯梢，最後夫妻反目，分道揚鑣。

●小人的特徵

1、喜歡造謠生事：他們的造謠生事都有目的，並不是以造謠生事爲樂。

2、喜歡挑撥離間：爲了某種目的，他們可以用離間法，挑撥同事間的感情，製造他們的不合，從中謀利。

3、喜歡奉承：這種人雖不一定是小人，但很容易因爲受上司寵信，而在上司面前說別人的是非。

4、喜歡陽奉陰違：這種行為代表他們的行事風格，待你也可能表裡不一。

5、喜歡狐假虎威：誰得勢就依附誰，誰失勢就拋棄誰。

6、喜歡損人利己：他們習慣踩在別人的頭上前進，也就是利用別人為其開路，他們不在乎別人的犧牲。

7、喜歡落井下石：如果有人跌倒，他們會追上來再補一腳。

8、喜歡找替死鬼：明明自己有錯卻死不承認，硬要找個人來頂罪。

65 善意的謊言是人際關係的潤滑劑

曉敏是一個誠實善良的女孩，一向以心直口快、熱情開朗而深受同學們的喜愛。進入社會開始工作後，許多人卻不喜歡她，因為她從不說謊，也痛恨說謊的人，而她周圍卻沒有不說謊的人。結果，她與周遭人的關係十分緊張。有人好心勸告：「說謊不好，但生活中又不能沒有謊言，你不要太天真了！」曉敏感到愕然不解：謊言有好的嗎？

如果生活裡完全沒有謊言存在，那麼社會將無法維持和諧，因為社會生活和個人生活必須依靠一些無傷大雅的謊話來保持平衡。

謊言分爲可以原諒的和不可原諒兩種，而社會就是由可以原諒的謊言來維持平衡的。禮貌上的客套話是社會上一般公認的一種謊言，我們只要把它當成人際關係的潤滑油就好，不必深入去探索這些話的意義。爲了鼓勵或安慰別人所說的謊言，沒有人會非議。例如不在癌症患者面前談論他的病情。另外，有一種「幻想的謊言」。有些人整天陶醉在自己的夢幻世界裡，自己欺騙自己。這種「幻想的謊言」，如果不嚴重或不過分，其實無傷大雅。

總之，對他人無害的謊言是可以原諒的，不能原諒的是那種以損害他人獲取利益的謊言。那麼，如何識別惡意的謊言呢？

●擊中對方心理弱點

沒有人願意承認自己說謊，除非他願意向你敞開心扉。所以，要設法解除他心裡的武裝。下列有幾種做法提供參考。

1、讓對方有安全感：如果對方是爲了保護自己而說謊，我們可以告訴他：「說實話沒關係，不會有人責備你。」讓他認爲自己的處境很安全，才能毫無顧忌地坦誠以告。要使對方有安全感，首先必須使他對你產生信賴，產生信賴之後，他才會對你吐出眞言。或是讓對方產生優越感，讓他在得意忘形之際，無意中露出馬腳。這種方法最適合用來對付傲慢的人。

2、追根究底：這種方法和前面所說的方法完全相反。徹底去追究事情的眞相，有時也能解除對方的心防。有的人只有在被逼得無法再爲自己辯解的時候，才會解除武裝、說出實話。

3、攻其不備：無論是多麼高明的說謊者，遇到突如其來的詢問，也會驚惶失措，不得不投降。某位資深律師曾經說過：「在訊問一個關鍵性的問題時，不要立刻審問證人，而要等他回到證人席後，再突然重新詢問，這是最有效的方法。」因爲我們乘虛而入，對方沒有防備，自然就會放下武器投降了。

●讓對方反覆回答同一個問題

謊言通常只能完整地說一次，不斷地重複時，或多或少會露出馬腳。這種情況在日常生活中很常見，例如同事打電話來說：「對不起，我家有客人，麻煩你幫我向主管請個假，謝謝。」幾天後，有人突然問他：「前幾天你爲什麼要請假呢？」這時他可能說：「因爲孩子得了急病！」這種人一定不是爲了正當的理由而請假，或許他在外面兼差或做了某些不可告人的事，才會出現前後矛盾的說詞。有一位非常謹慎的人，每次說謊後，都會把它記在備忘錄裡，避免露出破綻。這個人一定活得很辛苦。因爲當你說了一個謊，往往需要用一百個謊來掩飾。

要讓對方說實話，最有效的手法就是提出有效的證據，尤其是物證。不管對方如何狡辯，只要我們有確鑿的證據，他就不得不俯首承認。

以上所說的方法，到底哪一種比較好呢？這要看對方的情況而定。有時不能只用一種方法，必須綜合運用多種方法才能收到效果。

66 忍，是理性的昇華

武則天年輕時只是唐太宗李世民眾多姬妾的一個，地位低微。在一個偶然的機會中，她遇到太子李治。武則天利用美貌迷住年輕的太子。唐太宗駕崩後，多數姬妾被迫出家爲尼，武則天也在皇宮附近的感業寺出家。

某天，皇帝李治到感業寺上香，武則天巧施手段，得到李治的寵愛。這時的後宮中，皇宮正與蕭妃爭寵。皇后想借用武則天的力量對付蕭妃，幸運的武則天藉此機會回到久別的皇宮。入宮不久，武則天就消滅皇后和蕭妃的勢力，登上后座。

然而，在爭取皇位的鬥爭中，她展現無比的耐心。即使權傾朝野，帝位唾手可得，她還是選擇等待時機。爲了這個皇位，她等了二十八年。當她坐上皇帝寶座時，已經是一位六十七歲的老太婆了。她沒有因一時衝動而誤事，其過人之處，非一般人所及。在那個男權至上的時代，未待時機成熟就下手，她早就招來殺身之禍。讓人不得不佩服她的智慧和耐心。

中國傳統文化一向注重自我修養，尤其是「自察、自省與忍讓」。《忍經》和《勸忍百箴》歸根究柢就是一個「忍」字。忍是人生的最高境界。唯有不受情緒和慾望的支配，才能對事物做出客觀的評價和正確的判斷。受辱則怒，見利就沾，見色便迷，如何能成大事？

●忍，為了成就大事

成敗僅在一念之間，忍是關鍵。劉邦被楚軍困在滎陽時，韓信寫信到劉邦帳下。他以爲一定是韓信發兵救援的消息，不料打開信一看，卻是韓信要求劉邦給他一個「假齊王」的封號。劉邦氣得大罵：「我被困在這裡，日夜盼望援兵，你非但不來，還要自立爲王。」這時，一旁的張良立刻對他耳語道：「如今你正面臨困境，怎能禁止韓信稱王？既然無法禁止，不如順勢封他爲齊王，讓他好好守住齊地，避免他反叛。」劉邦聽完，立刻收起怒氣，改口：「大丈夫興兵平定諸侯各國，要做就做眞王，爲什麼要做假王呢？」於是封韓信爲齊王，派張良持詔書前往，並調韓信的兵來支援，結果扭轉形勢。

如果張良不及時提醒劉邦忍一時之氣，劉邦恐怕成不了大事了。

●忍，要有深謀遠慮

張耳和陳餘都是魏國的名士。秦滅了魏，就重金懸賞購買兩人的頭顱。兩人隱姓埋名潛逃陳國，靠卑微的工作維生。

某天，陳餘犯錯，受到一個官吏的鞭打，陳餘怒不可遏想反抗，結果張耳制止他，要他忍耐。等到官吏離開，張耳立刻將陳餘拉到四下無人處，生氣地說道：「當初我是怎麼跟你說的？今天受到一點小小的侮辱，就爲此付出生命，値得嗎？」後來，張耳輔佐劉邦成爲開國功臣，陳餘則輔佐趙王歇，最後被韓信、張耳所斬。

人的成功是性格的成功，失敗也是性格的失敗。兩個出身相同的人，結局卻大相逕庭。

●忍，是一種磨練

孟子說：「天將降大任於斯人也，必先苦其心志，勞其筋骨，餓其體膚，空乏其身，行必怫亂其所爲，增益其所不能也。」

想要成功立業，須經磨難，鍛鍊出堅韌剛毅、百折不撓的性格，然後才能成就大事。人生沒有永遠的康莊大道，遲早會遇到挫折。如果沒有足夠的磨練，就不能取得成功。

許多半途而廢的人，往往是個性不夠強韌、不能咬緊關走完最後幾步。人生有如一場田徑賽，開始的差距不代表最後的結果，只有突破生理極限，才能獲勝。任何事都是易學難精，當進階到某個層次之後，很難再往前。這實際上是進入極限狀態，只要努力撐過去，一定能夠到達新的境界。

●忍，要能屈能伸

常言道：「大丈夫要能屈能伸。」「能屈」，就是在條件未成熟時能忍耐，能忍受屈辱；「能伸」是指萬事俱備時，能挺直腰桿，進行反攻。在勢單力薄、無法對抗的情況下，忍耐有時是唯一的保全之策。忍耐不僅是一種避禍的手段，還是一種蓄積力量的過程。

世上沒有絕路。有的工地會豎立「此路不通，請改道」的警告牌，這代表通往目的地的路不只一條。我們要學會路不轉人轉的道理。

忍的道路崎嶇坎坷，只要最後能看到光明，多繞幾條路又何妨呢？

吃得苦中苦，方爲人上人。不必羨慕別人的勝利，因爲勝利的背後必定充斥荊棘。過程越曲折，成功越有價値。成功的道路相當漫長，能笑到最後的人才是眞正的勝利者。

●忍，是一種等待

學會忍耐，等待機會。能做到這點，就能獲得成功。

秦末，張良刺殺秦始皇失敗後，隱匿於下邳。某天，張良來到沂水圯（橋）上散步。有位身著短袍的老翁鞋子掉到橋下，他對張良說：「小子，下去把鞋撿上來。」張良錯愕，但出於敬老之念，只好下去撿鞋。老翁又要求張良幫自己穿鞋。張良依言照做。老翁卻連一個「謝」字都沒說，仰面長笑而去。不久，又折返回來，讚道：「孺子可教也。」並約張良五天後的凌晨在橋頭見面。五天後，張良按時赴約，不料老翁已在橋頭等候，並斥責道：「爲什麼遲到？五天後再來。」這次，張良雞鳴前就抵達，沒想到還是晚老翁一步。第三次，張良半夜就來到橋頭，終於及時見到老翁。老翁送張良一本書，書名是《太公兵法》。

張良日夜誦讀，刻苦鑽研，終於成爲一個精通韜略、文武兼備的謀士。

●忍，是一種人格力量

能忍者當忍百則，即忍言、忍氣、忍色、忍酒、忍聲、忍食、忍權、忍勢、忍貪、忍賤、忍寵、忍辱……能忍者，不是出於無奈，而是把忍昇華到一種理性高度，從而獲得一種人格的力量。

圯上老人贈張良兵書，就是看中他有一種理性的隱忍，否則即使授他兵書也無用。很多人都讀過兵書，多半不是沒有讀懂，而是因爲情緒容易動搖，所以無法按照兵法執行，更別說冒險變通了。

第五篇

戀愛經驗

追逐愛情的人，得到的多半是一個假象。經常上當的人，很快就會死心，再也不信她。要得到真摯的愛情，一半靠天意，一半靠人為。所謂「天意」，指的不是月下老人那根看不見的紅繩，也不是丘比特那支孩子氣的神箭，而是戀愛雙方擁有的客觀條件。如果雙方年齡、品貌、地位等過於懸殊，即使勉強湊合，也是煩惱多於快樂。所謂「人為」，指的是一顆真愛的心，加上一點點技巧。本篇傳授的就是這一點點技巧。

第一章 女人心真的像海底針嗎？

67 女人有一些共同的弱點，掌握這些弱點，對你大有幫助

曉峰是個粗線條的男孩，最討厭婆婆媽媽的事。他的女朋友長得很漂亮，氣質高雅，讓人稱羨不已，但是兩人交往不到三個月就分手了。問他爲什麼，曉峰說：「眞受不了她，一點小事就哭哭啼啼，半天也哄不好，煩死了！」

沒有經驗的男人會用男人的觀點來衡量女人，或者將她們想像成美好的「另類」。前者不易得到女性好感，而後者則容易帶來失落感。女人和男人有相同點，也有相異點。一般而言，女人有如下弱點。

●情緒變化大

女人的感情通常比男人豐富，所以有人稱女性爲「感情動物」。青春期的女孩，較其他時期的女性感情更豐富。處於這個階段的女孩，感情特別纖細脆弱，容易觸

景生情，見到生離的場面鼻酸，見到死別的景象更是落淚。青春期的女孩也容易在自己的心靈深處豎立一個崇拜的形象，例如某著名演員、歌星、名人等。

●愛哭

女人的一生，無論是悲或喜，總少不了眼淚陪伴。

對女人來說，流淚會產生快感。當她們的眼淚奪眶而出時，心理上會產生一種淨化作用。她們哭泣會讓心裡舒坦，有的女人容易沉醉在淚水的樂趣中。

●追求流行

具體而言，受流行影響的心理條件有三。一是涉新獵奇的好奇心理，二是想勝過別人的優越心理，三是不想跟不上潮流。

●愛聊是非

女人好傳小道消息，是年代久遠的「歷史遺傳病」。其原因在於：

（1）女人具有強烈的「他人指向性」，即對別人的生活行爲總是寄予濃厚的興趣和關心；

（2）由於社會條件的制約，女人能夠施加影響及表示關心的範圍很窄，所以她們對身邊的小事就會比較感興趣；

（3）較前兩條更重要的是，女人經常處於一種欲望不能得到滿足的狀態，自然會對別人的私生活、風流韻事感興趣。

●貪小便宜

男人認爲買東西應該看它的實用性，而女人則受物價的影響較大，導致買東西容易缺乏合理性。從心理方面來看，女性經常被眼前的現象迷惑，雖然她常具有良好的感覺能力，但卻缺乏綜合判斷力。

女人和男人的心理差異很明顯，例如男人會爲失去的東西痛心，女人卻是爲未曾到手的東西痛心。

●易受氣氛影響

女性易受周遭環境和氣氛影響，這與頭腦是否聰明、知識水準並無太大的關係，而是女性中普遍存在的一種傾向。原因如下：

（1）女性較男性感情豐富而細膩。她們對於來自外界的刺激，如言語、表情、手勢、聲音、色彩等，都具有高度的感受力。

（2）女性經常不依據邏輯推理來判斷，而是依賴感覺和情緒。不是講道理，而是憑印象。

（3）女性受氣氛感染的其中一個主要原因，存在於她們心理上的「美化傾向」。女人總會把自己與男友的愛情想得既神聖又高尚，甚至不由自主地幻想自己是電影中浪漫的女主角，陶醉在虛擬的美好意境中。

●期待新事物又怕受傷害

女人生性膽小，卻有強烈的好奇心。例如她們最怕鬼怪之類的東西，卻又喜歡看鬼怪小說或恐怖電影。

爲什麼會有這種矛盾心理呢？因爲女人天生是弱者，雖然害怕捲入外界的風波，卻又想看看是怎麼回事，明知外面有大風暴或毒蛇猛獸，她們還是忍不住想看個究竟。

68 最難猜測女人心，若有情、似無意。掌握如下訣竅，有助於你猜破「啞謎」

雲剛比較內向，他暗戀一個女同事，卻羞於向她表白，因爲他不知道對方是否對自己有意，如果遭到拒絕就太丟臉了，甚至可能招來別人笑話。他經常留意她的舉動，希望能看出一點端倪，卻始終不得要領，結果爲此十分苦惱，希望找到什麼秘訣，幫他練就一雙慧眼。

「她」是否對自己有意？這對「臉皮厚」的男士來說不成問題，多跟對方接觸，自然能夠看出來。萬一不行，直接問就知道了。不過，這對「臉皮薄」的人來說，卻是一大問題，可能會因此錯過一段良緣。下列三個秘訣有助於你猜度女友的心思。

●看視線

當某位女性喜歡你或對你有好感時，通常會偷偷把視線投向你這邊，而當你看向她時，她又會迅速把視線移開。據考證，直視乃是受到異性吸引的信號，但是女性會害怕對方察覺自己在偷看他，於是只好採取「快速掃描」的方式。

●看親疏

她有時在你面前會故意裝成毫無表情的樣子，或者跟你隔一段距離走路，甚至故意當著你的面親近其他男人，表現與其內心相反的態度。

●看態度

如果某位女性對你解除戒心，以親暱口吻跟你交談，則表示她的心扉已經完全敞開，也許她會暗示你可以「更進一步」呢！

69女人的矜持可能將你擋在心門之外，如何掌握那把開啓心門的鑰匙？

李剛暗戀公司裡一位漂亮的女同事，卻苦於不知如何表達。女孩的一顰一笑令他心旌搖動，而女孩的變化無常又讓他恍如「像霧像風」，捉摸不定。一天見不到女孩，他便坐立不安，魂不守舍。很想向女孩傾吐自己的感情，但每當話到嘴邊又突然洩了氣。為此，他苦惱不已，不知道該怎麼辦。

弗洛姆在《愛的藝術》一書中指出，「愛，不是一種本能，而是一種能力，可經有效的學習而獲得。」這眞是一句鼓舞人心的話，讓渴望愛情的人產生無限憧憬。到底要怎麼做才能找到心目中的理想的情人呢？

●自信讓人魅力四射

堅定的自信心是人最初的原動力。自信往往流露於人的眉眼言談、舉止行爲之間。充滿自信的人，舉手投足大方坦然，談笑風生，其風度魅力令人傾倒迷戀。

當代女性眼中的男性魅力，已經由外在形象的英俊瀟灑，轉爲品格和力量，以及幽默、聰慧、機智。風度是魅力的化身，是美的伴侶，是一種協調的體現，也是一種展現在運動中的美。男士風度可從微小的事情中發現。男士的果斷、沉穩、剛毅、勇敢，大家有目共睹，但如果更注重與女士相處時的種種細節，則會收到意想不到的效果。

●勇氣創造機會

如果你愛一個人，就應勇敢地正視這份愛，並抓住一切可能的機會傳達愛意傳達，那麼創造機會與之接觸應成爲你的首要目標。有時你需要做的只是站起來，勇敢地走向前。

根據某項態度測驗顯示，現代女性最欣賞的男性不是英俊的外表，也不是瀟灑的風度，而是膽量。

在一次大學的舞會上，林方認識了李楓。當時燈光炫目，酒色醉人，但林方什麼都沒看到，眼中只有李楓。她漫不經心地站在窗邊，看著天空發呆。林方觀察了一會兒後就展開行動。他繞過舞池中擁擠的舞者，向她走去。他走得堅定、自信，來到李楓的面前。接著，二話不說就拉起李楓走到舞池中。大學畢業後，李楓成了林方溫柔的妻。

李楓告訴他，她並不像他看上去那麼漫不經心，她也注意到了林方。當林方筆直走來時，她的心狂跳，在心中默默祈禱：「男孩，別停來，千萬別停下！」

無論你多麼出色，多數女孩子還是會因矜持而裹足，所以大部分的機會必須自己掌握。男孩們，鼓起你的自信與勇氣，大膽地去追求心中所愛吧！機會就在你的身邊。

●大膽提出要求

如果你們已建立較好的「友誼」，那麼進一步的單獨約會、相互瞭解的過程就指日可待了，而此時約會的技巧極爲重要。

在女性的心中，與其積極地應付男人的誘惑、邀請，不如順從社會大眾的習慣。因此，當你要邀請她時，絕對不要用商量的口氣問她「願不願意……」之類的話，而應開門見山地說「我們一起去吧」。當然，女方也有不願意的時候，但是說「不」多少會造成心理負擔，讓她覺得拒絕你有一種歉疚感。

採用「願意不願意……」這種問法，乍看之下好像非常客氣，事實上卻給了對方說「好」或「不」的機會。一旦女方答應，等於背上責任的負擔，但女人不習慣承擔責任，所以戒心強的女人，爲了不節外生枝，通常會乾脆搖頭拒絕。

對於女性而言，在決定一件事情時，基本上都是選擇較輕鬆的。女性通常懶得費心思考，最好什麼事都不必動腦筋就順利解決。像那種爲了尊重女性而提出的參考意見，反而會造成她必須經過思考後才能做出決定的麻煩，結果讓她產生排斥感。因此，與其尊重她的意見，不如乾脆告訴她要怎麼做，讓她順從你的決定行事。對她來說，這樣會比較輕鬆。

●用行動證明

眞誠的愛通常會體現在你的行動中，只要你的心是坦蕩的，那麼何須表達？

彼此心靈的互通，對戀人溫柔體貼，不一定需要甜言蜜語。用你的身體語言，一個動作、一個眼神，就可以恰到好處地表達你的愛意。

女人不習慣眼睛朝下，除非你比她更高大，才能走進她的視野。

女人樂於接受具體行動，一味地說甜言蜜語而沒有具體行動，她會懷疑你是否眞心誠意，感到十分不安，甚至會打破砂鍋問到底。

由此可見，對待自己心儀的人，除了口語表達之外，更重要的是以行動來表示愛意。當然，還是要尊重對方，掌握分寸。女人不相信抽像的語言，而喜歡及時、恰如其分的行動。如果你眞的愛她，就用你的行動來證明吧！

70 女追男，難度主要來於自己的心理障礙。如何才能不動聲色地讓他自動投降

李燕在公司的聯誼會上結識英俊瀟灑的劉林。少女的芳心立刻被一種莫名的甜蜜感包圍。但李燕礙於女孩子的矜持與自尊，不知如何向心上人表達愛意。在猶豫不決之際，眼睜睜地看著自己的「白馬王子」被另一個女孩捷足先登。

你應該有過或正爲這種美妙而不知所措的情況所苦。也許你已經發現身邊有一位「意中人」，但卻不知道對方是否有意。以下就教你敲開戀愛大門的六大咒語。

●製造「偶遇」

愛情心理學闡明，當一方對另一方產生愛慕之心後，通常會希望自己的形象能夠吸引對方注意，所以總會尋找機會出現在對方的視野中。不過，由於自尊、害羞及其他因素的制約，行爲舉措會變得十分謹慎。雖然想盡一切辦法引起對方的注意，但又不願讓對方發現自己是刻意的，因而往往會裝出「無意」、「偶然」的樣子當成掩飾，以便萬一遇到麻煩或被拒絕時，能有一個藉口和退路。

●故意表現得手足無措

以前你們也常常單獨相處，那時你並沒有什麼不自然的動作，但現在不同了。他發覺你和他單獨相處時變得侷促不安，容易手足無措，說話也不像以前那麼流利了，尤其還伴著臉紅或害羞的表情。這會讓他開始在意你內心產生的變化。

●給他一點特別的關懷

一般而言，青年男女表示自己的關心時，都會比較謹慎，而且通常會拉著同伴一起行動，很少單獨示意。因此，你要讓他發現你突然變得對他格外關心，經常悄悄地給他一些出乎意料之外的幫助，藉此暗示他。

●走進他的視線中

多數人對自己喜愛的東西總嫌看不夠，愛慕的異性其吸引力更強。一旦「意中人」出現，目光就會不由自主地被吸引過去。當雙方尚未明確說出心意時，這種目光經常會悄悄地射向對方。最好多找機會走進對方的視線中，必能引起他的關注。

●引領他走進你的世界

經常向對方談論自己的童年、看過去的照片、兒時的趣事，以及家裡的情況、父母的性格愛好，暗示歡迎他到你家玩。此時，你的心一定會狂跳，因爲這代表願意接納他成爲家庭成員的信號。

●準確掌握個人空間

根據研究發現，我們的身體周圍有一個肥皀泡似的透明罩包圍著我們，就是所謂的「個人間隔」。這個間隔由好幾層構成同心圓，範圍是由皮膚往外，即約〇至四十五公尺。最核心的部分是「親密區」，只有至親的人才能接觸這個區間。往外一環是「個人區」，約一至兩公尺，好朋友和熟人都在這區。再往外是「社交商討區」，範圍約一、兩公尺至三公尺。而三公尺以外則是「公共區」，供不帶任何個人色彩的交往使用。

對於交往不深的朋友，最好從側面接近對方。正面接近會讓人感到不安，甚至使對方退避三舍或逃之夭夭。

戀愛時，眼睛注視對方可以消除雙方之間的距離。遠遠注視對方，有把對方帶進個人區的意味。相距僅一、兩公尺時，情侶之間凝眸相視會讓他們從過分親密變得侷促不安。在一、兩公尺間的個人區，如果視線接觸超過兩秒，對方可能就會覺得你侵犯他的隱私而感到不快。

不過，你不必眞的帶捲尺上情場。多數人對個人間隔都有一種直覺，他們會自然不超過界限。但如果你要使意中人從熟人變成情人，最好悄悄地縮短雙方的間隔區。至於時機和分寸，則要根據對方的反應而定。

71男友專橫霸道，喜歡畫地為牢，如何讓他乖乖上道？

玲玲活潑美麗，人見人愛，卻偏偏交了個霸道、蠻橫的男友。男友深愛著玲玲，卻又擔心她「紅杏出牆」，於是他對玲玲下了禁令：嚴禁與異性交往。玲玲不想惹惱他，但又不想放棄與異性正常的交往，因而陷入痛苦之中，無法找到圓滿的解決辦法。

愛情是專一的，但有些男人嫉妒心太強，過於霸道，讓女人無法接受。萬一遇到這種事，該怎麼辦？

別擔心，我們有辦法使你得到戀人的支持，與異性進行正當的來往。

●理解是戀愛的基石

讓你的戀人瞭解你的工作及各種業務，熟悉你與異性的來往情形，藉此取得戀人的支持。建議把他帶進你的工作圈和交友圈，讓他理解你工作的艱辛，以及與異性分工合作的意義。這個世界畢竟是由男人和女人共同創造的，女人若想在社會上立足，自然離不開男人的扶助。只要男友能夠理解，對其他男人的敵意自然會消失。

●找到醋意的源頭

如果他眞的關心你，就應該與你站在同一陣線，放寬胸襟。愛吃醋是思想狹隘、缺乏修養的表現，把女人當作他個人的附屬品和私有財產，這種「戀人」還是盡早分手，避免以後被醋海淹沒。

●掌握交往尺度

與異性朋友單獨逛公園、看電影、出入飯店、舞廳等，都容易引起戀人的猜疑和不滿，應該盡量避免。反省和自律相當重要。

車爾尼雪夫斯基曾說：「愛一個人就是希望他幸福，但是沒有自由就沒有幸福。你不想束縛我，我也不想束縛你。如果你因爲我而受到束縛，就會使我感到痛苦。」對於正當的異性交往，眞正理解愛情的戀人是不會束縛你的。你要利用這特有的「自由」，走向健康的社會交往天地。

第二章 窈窕淑女，君子好逑。什麼樣的男人容易獲得女人青睞？

72男人的心並非如外表般威猛冷峻，女人主動出擊，他就會乖乖就擒

美玲自從朋友的聚會上邂逅英俊倜儻的趙兵，忍不住芳心動搖，魂牽夢縈。雖然她不是特別漂亮，但她深信自己仍有一定的魅力。不過，她連跟趙兵見面的機會都沒有，怎樣才能跟他發展進一步發展關係呢？有一天，經理要求美玲在三天之內完成一份報告，美玲靈機一動，打電話給趙兵：「我慘了，經理要在兩天之內交一份報告，我根本沒有自信。聽說你文筆很好，能不能幫我？改天我一定請客。」美玲的要求不算過分，趙兵當然一口答應。順利交出報告之後，美玲果然請趙兵上餐廳，點了一桌豐盛的菜餚。趙兵覺得只幫她做一點小事就讓她如此破費，心裡很不安，幾天後又回請她。一來一往，兩人的關係越來越親密，終於結成伴侶。

現在的社會，男女雙方互有好感，誰先示愛，都無可厚非。愛情這扇窗戶總要

有一個人先打開。其實女人搶先一步並沒有什麼大不了的，只要技巧恰當，絕對是魅力的體現而非沒面子的事。

●你的眼睛是男人的囚籠

俗語說：「男追女隔重山，女追男隔層紗。」即使是態度冷漠的男人，一旦接收到「你對他有好感」的資訊，大部分都會喜出望外並因而動情。

如果你們互不相識，怎樣讓男人接收到你的鼓勵資訊呢？答案是：用你的眼睛。具體做法是：望著他，淺笑。兩秒鐘後，當作什麼事都沒發生，自然移開你的目光。過一會，再從頭開始……如果你發現自己正被他的目光包圍，那就表示他對你有意。

低俗的做法是：你一邊望著他，一邊迫不及待地擠眉弄眼，搔首弄姿。雖然這種方法可以更快地傳達資訊，但男人會將你當成輕浮的女人，適得其反。

●尋找突破口

你的眼睛已經很疲累，男人似乎對你的注視有些感覺，但始終沒有走過來自我介紹。你若還是非他不可，就別無選擇，不得不鼓起勇氣了。

古老而有效的方法是：找他換零錢或問路，在所有問題之前加上「不好意思，請問……」。問話時保持微笑，既如春花般羞澀，又如秋月般明朗，讓他覺得你是一個既嬌美又熱情、有禮貌且爽朗的女孩，切記要直視他的眼睛。如果這些方法都不管用，那就假裝不小心把飲料倒在他身上，再充滿歉疚地道歉，然後掏出手帕替他擦拭。你的歉疚與不安或許會激發他的憐香惜玉之情，留給他深刻的印象。

●主動找尋話題

如果你自認口才不錯，態度大方，不妨更直接一點。先對他微笑，打開話匣子，找一些共通的話題。其實話題很多，只要你表現自然就沒問題了。事實上，女人不必太顧慮自己跟男人說些什麼，因爲大部分男人被女人主動搭訕，都已經受寵若驚，興奮得聽不進去了。

73 追求不等於追在後面苦苦哀求，善用欲擒故縱的策略更容易擄獲女人的芳心

肖風在某大公司工作，收入不菲，人長得瀟灑英俊，是許多女孩子心目中的理想伴侶。他的女友名叫丁雅，在另一家公司工作。兩人相互欣賞，感情甚濃。有一天，丁雅要代表公司到外地出席一個訂貨會，肖風知道後央求她：「不能請老闆派別人去嗎？」丁雅問：「爲什麼？」肖風回答：「我一天也不能忍受沒有你的日子，我怕你離得太遠會失去你！」肖風哀求的表情讓丁雅失望，她想不到男友的心會如此軟弱。丁雅在出席訂貨會期間，肖風每天至少打兩通電話給她，一講就是半小時以上。丁雅覺得和這種男人在一起沒未來，於是訂貨會結束後，悄悄辦了離職手續，遠離肖風。

女人希望自己的意中人是一個強者，無論在感情上或在經濟上，都不願男人過於依賴自己。即使男人不夠堅強，也應該意僞裝，否則就很難打動女人的芳心。

●若即若離

人們總是渴望得不到的東西。唾手可得的東西，不及難以獲得的東西更令人心

癢難耐。

如果你是個軟弱而依賴成性的男人，就必須學會表現得獨立而自信。最初你或許只是僞裝，但當你體會到這麼做的好處，它就會成爲你眞實個性的一部分。你必須讓她意識到，在擁有她或失去她的情況下，都能泰然自若的生活。

無論一個女人多麼成功、堅強和獨立，她都會想要找一個自己尊敬、仰仗和佩服的男人。在找尋自信男人的過程中，會考驗你容忍的極限。如果你只爲了怕失去她而做一切讓步，那麼她就會盡情折磨你。當她發現你的軟弱、缺乏新鮮感、依賴成性、乏味之後，兩人註定無緣。

因此，在交往的過程中，你可以表示對她的親蜜，但不能依賴她，不妨與她若即若離。如果你很有女人緣，也不可爲了討好她而故意疏遠。不過，若即若離不適用於缺乏自信的女孩。

●注意場合

有些大膽的男性會在餐廳、商店或車裡肆無忌憚地對身旁的女友動手動腳。親密接觸有其特定條件、特定時刻、特定場合。大部分的女人都討厭男人在公眾場合對她們動手動腳。

女人不喜歡被當成發洩性慾的工具，但男人卻是感官的動物。這是男女之間的極大的差異。女人會因爲這種毫無顧忌的舉止感到窘迫和羞辱，若你眞心愛對方，就要體諒她、尊重她。女人希望全世界知道，身旁的男人很尊重她。你必須了解她喜歡什麼和不喜歡什麼，藉此調整自己的行爲。這是好男人必備的條件。

●剛柔並濟

在剛柔之間取得完美的平衡，並非男人天賦的長處，這需要時間來培養。只要細心觀察女伴對你行爲的反應，就能清楚的知道，哪些方面需要改進。完美的男人是女人造就的，但這不是女人刻意經營的結果，而是男人主動迎合的結果。

人們只珍惜不易到手的東西。女人的愛是用於捕獲的工具，不是用於施捨的糖果。

74 窈窕淑女，君子好逑。如何求之，教你彈一曲鳳求凰

胡朋愛上同事瑩瑩，他覺得她對自己也有意思，只是不敢確定。這事擾亂他的

心神，整天茶飯不想。有一天，他決定向瑩瑩表白，不管是否成功，至少放下一樁心事，免得老是七上八下，忐忑不安。當他從辦公室走出來時，正好在走廊裡遇見瑩瑩。胡朋心裡一動，說道：「瑩瑩，你過來一下，我有話跟你說。」她問：「什麼事？」結果他衝口而出：「我愛妳！妳願意跟我交往嗎？」瑩瑩毫無準備，大驚失色，啐道：「神經病！」說完，匆匆離去。胡朋受到打擊，最後不敢再見瑩瑩。

求愛是一種特殊的愛的資訊交流，必須具備基本的前提條件。貿然表白，十有八九會碰得一鼻子灰。以下教你七招，相信會對你有所幫助。

●自我評估

俗話說：「挑人先看自己。」只有對自己的形象、思想、生活趣味、價值體系、學識才華、工作職業、經濟狀況、家庭條件、社會地位等，多方認眞、客觀且有系統地分析和權衡，評估自己的價值有多大，找一個怎樣的對象才能「匹配相當」。有一些人往往自視過高，似乎自己很了不起，對一般人不屑一顧。其結果往往是高不成，低不就，以致多年後還孤身一人；另有些人則相反，往往低估自己的價值，自卑感很強，把別人看得很高，不敢去追求理想伴侶。這兩種人都缺乏正確的自我評價，很難在愛河中盡情暢遊。

●獲取對方資訊

求愛之前應盡可能收集到對象的資訊，給對方也畫一幅肖像畫，並與自己的肖像畫加以比較，看是否「對等」。有些人對自己追求的對象知之甚少，甚至連名字、地址等起碼的情況都沒有搞清楚就貿然而進，結果必然頭破血流；有些人雖然也「刺探」了些「軍情」，諸如地址、學歷、年齡、工作職業、家庭狀況等，但是並不知對方的心理狀況，滿以爲對方能接受自己的愛，結果卻相反；或者人家已有心上人，或已有所思，這就只能得到婉言謝絕。求愛者想獲得成功，就必須收集到盡可能充足的對方資訊。

●選擇合適時機

只有在對方情緒平和、心境放鬆的情況下，求愛才會有成功的希望。有人主張在雙方都興高采烈的娛樂活動之中表白，不無道理。因爲雙方處於相同的環境，擁有相似的想法時，只要條件基本相符，沒有衝突，就有可能求愛成功。這裡所說的心境，不只是對方，也包括自己的。如果本身鬥志低落，缺乏熱情，很難恰到好處地表達愛意。

●選擇優雅場所

沒有人會在菜市場告白，也沒有會在車水馬龍的大街上聽對方傾訴衷曲。告白應該選擇雅致而幽靜的場所，例如電影院、劇場、遊藝場、林間小道、湖邊柳岸等地，較易讓人融入情感，產生恍如夢境的感覺，並趁對方陶醉其中時及時表白。

●保留充裕時間

愛情的火花可能一觸即發，沈澱情感卻需要時間。例如在對方忙於工作、學習時求愛，很難引起共鳴。因爲對方的精力投注在眼前的活動，無暇考慮你的要求。再者，時間太短，對方沒有思考的時間，無法給你滿意的答覆，甚至可能會因爲你糾纏不休，心煩意亂而直接回絕。因此，最好選在對方有餘裕時告白，例如星期天或國定假日，效果更好。

●縮短心理距離

據美國心理學家研究發現，人的情感與距離遠近有密切的關係。雙方距離接近，其間沒有障礙物時，能夠縮短彼此的心理距離。近距離會帶來外表的吸引力、性的誘惑力及情感壓力。當兩人面對面時，通常很難說出尖刻的話。尤其對方直視時，我們多半只會點頭，說明了近距離與情感懾服的關係。告白時最好盡量拉近雙方的距離，同時以一些恰到好處的親密舉止輔助，才有機會擊垮對方堅固的心理防線。

75好女人是一所學校，你應該將意中人培養成一個「好學生」不讓他學壞

麗麗的男友阿輝愛熱鬧，經常和一些不三不四的朋友一起喝酒。麗麗怕他學壞，也怕他養成酗酒的壞習慣，便以斷絕關係威脅，禁止他再與那些狐群狗黨來往。阿輝滿口答應，但很快又故態復萌。麗麗深感失望，想跟他分手。

「不三不四」是指行爲失當、不守法規、不學無術的人。長期與這些人爲伍，耳濡目染，一定會對人產生不良的影響。爲防止這種傾向，必須全力幫助男友。

●講究方法

一味地阻止他們來往，只會讓他認爲你自私、偏狹。你要拿出女人的韌性，耐

心地講道理，讓他明白你並不想干涉他的交際，只是希望他能辨別是非曲直，認清眞假惡善，交友有所選擇。讓他了解這些人雖口稱「江湖義氣」，實際上並不可靠，與其交往有害無益，甚至可能被牽連。你還可以舉些名人交友的故事和身邊的事例來說服他。

●用實際行動影響他

例如約他參加有益的學習和娛樂活動，多結識正直、熱情、積極上進的朋友，讓男友在比較中認識與不三不四的人來往的種種壞處。多安排活動，減少他與那些人來往的機會。這樣他就會逐漸領悟到你的心意而疏遠那些人了。

●當頭棒喝

當你的勸告收不到明顯的效果時，你就要把勸告改爲警告。鄭重地告訴他，你不希望自己將來的丈夫是不三不四的人，若不盡早斷絕與他們往來，你就會重新考慮你們之間的關係。另外，你也可以暫時避不見面，讓他冷靜思考，做出選擇。

●分手

如果任何方法都無效，男友依舊我行我素，那麼與他再一起只有壞處，還是盡早離開，這種人已經不值得你愛了。

76女友的父母不喜歡自己時，應該如何應對？

王濤與萍萍相戀多年，但萍萍的父母就是不喜歡王濤，王濤上門拜訪時，總是對他不理不睬。即使王濤笑臉相迎，他們仍然冷若冰霜。有一天，在王濤的指點下，萍萍假意對父母說：她決心跟王濤斷絕關係，與別人介紹的男性交往，而且還說那人雖然沒讀多少書，但相貌英俊；雖然沒工作，但家裡有錢；雖然坐過牢，但已刑滿釋放。聽完，她的父母大吃一驚，趕緊阻止：「你還是跟王濤那小子好。」從此以後，父母再也不反對她跟王濤來往了。

當父母不喜歡自己的男友時，不妨採取下列的行動。

●對症下藥解難題

首先，打聽女友父母不喜歡自己的原因，對症下藥。如果是因爲自己有缺點，長輩看不慣而對你冷淡，那就改正自己的缺點，並經常在他們面前好好表現自己，博取他們的信任和歡心。如果是因爲長輩不了解你，感到陌生而冷落你，那就要採取各種方式，盡量在他們面前展現自己，使他們能充分了解你。

最難得的是男女雙方情投意合，父母的干預應不是主要障礙。

●思想工作很重要

如果女友的父母不喜歡你並非因爲你有缺點，而是他們過於看重金錢、地位等，你就要想辦法去改變他們的觀念。天下的父母都會替兒女打算，這是理所當然的。不過，還是可以動點腦筋，改變他們的想法。上例中，王濤的方法值得借鑒，對麗麗的父母製造危機感，促使他們主動讓步。

●不卑不亢最要緊

女友的父母嫌你的職業低下、家庭卑微、收入太少，或嫌你生性剛直、不會逢迎時，不必爲了迎合他們的庸俗心態而去改變自己性格中優秀的東西。人無法選擇自己的家庭、自己的父母，但有權力選擇自己的道路和伴侶。地位和收入的低微只是暫時的，人的優良品質卻是一生受益的長處。因此，你要保持自信，一如往常地保持與戀人熱烈的愛情，不卑不亢地出入他的家庭。切記眞正的愛情無堅不摧。

77女友與前男友藕斷絲連時，是聽任花落去，還是快刀斬亂麻，拔去煩惱絲？

孫浩深愛女友李嵐，卻發現李嵐仍與前男友來往，經常通個電話，出去吃飯。孫浩因李嵐與前男友藕斷絲連而妒火中燒，終於下了禁令，不准李嵐再跟他來往。李嵐覺得他太小氣、不通情理，而且不相信自己，心裡非常惱怒，所以故意不理他，結果兩人的關係出現裂痕，最後終於分手。

在現實生活當中，女友仍與前男友來往的情況並不少見，它確實讓當事人頭痛。那麼到底有什麼辦法可以圓滿解決這個難題呢？

●冷靜三分鐘

頭腦冷靜才可以不當傻子。你應該坐下來思考。女友既已放棄從前的男友，代表你有令她心動之處，說明你比那個人更優秀，所以你應該對自己充滿信心。

●不動聲色，體貼勝從前

既然你比她的前男友更優秀，爲什麼她還念念不忘那個人呢？也許是你忙於工作而冷落佳人，也許是你性格剛烈冒犯了她。女人是感性的動物，也許最初會被你的風度、氣質所迷倒，但長時間的相處下來，體貼、溫柔更是不可少。哪個女人不希望雨天有人送傘、雪夜有人披衣呢？雖然這些是小事，但她們的「小心眼兒」卻盛滿了溫馨的小情調。如果這時你不動聲色，體貼更勝從前，相信任何女人都能沉醉你那片溫柔之海。

●睜一眼閉一眼

如果他們只是單純的吃飯、講電話，你大可睜一隻眼閉一隻眼。無謂的爭執容易造成反效果，而且「天下本無事，庸人自擾之」。女友不可能認識你之後就和天下男人都斷絕往來，你也不可能將她時時拴在自己的腰帶上。放心大膽地去讓女友向前走，她反而會因你的大度寬容而愛你更勝從前，從此斷了與前男友的往來。這樣你豈不未動一兵一卒而大獲全勝嗎？

●當面問清楚

如果你發現女友與前男友有死灰復燃之態，而你又眞愛對方，不妨坐下來認眞與對方商談，開誠佈公地表達你對她的愛戀和誠摯之意，並且認眞地指出，愛情是神聖專一的，不可同時把心奉獻給兩個男人，希望她能當機立斷，做出選擇。談話的態度應誠懇且嚴肅，既單刀直入又不卑不亢。如果她心旌動搖，表示有挽回的希望。

●快刀斬亂麻

如果到這個地步女友還是不肯決定，或是與前男友更熱絡而疏遠你，那麼你就應當明智地離開她。就像莎士比亞所說的：「當愛情的浪濤被推翻之後，我們應當友好地說一聲『再見』！

第三章 即使非俊男美女，也有權利談場轟轟烈烈的戀愛。緣分是最好的紅娘

78 慾望與衝動一旦決堤，就會變成洪水猛獸，如何「護堤」，是一門值得學習的課程

王寧與阿玉相識不久，雙方頗有好感。王寧的愛更是與日俱增，面對體態豐腴、貌若天仙的阿玉，王寧心中有一股克制不住的慾望與衝動。有一次，他想「先斬後奏」、「生米煮成熟飯」。一番掙扎撕打後，阿玉重重打了王寧一記耳光，憤然離去。

青春期熱血沸騰，最容易產生慾望和衝動，若能自我控制就無所謂，但有些人卻無法壓抑，不尊重對方的意願，不顧對方的生理、心理是否有所準備而操之過急，結果只會讓純潔的愛情罩上一層陰影。到底熱戀期間該如何駕馭自己的慾望和衝動呢？

●修身養性

愛情離不開慾望，但慾望不等於愛情。愛情是專一的，而慾望是盲目的。談戀愛時產生慾望和衝動是自然的，然而，順從自己的慾望而不加以克制，容易造成憾事，例如如懷孕等，影響彼此的感情。

●用意志鎖住慾望的出口

不同與一般動物，人之所以被稱爲萬物之靈，是因爲人的情愛和性行爲可受中樞神經系統控制，懂得在何時、何種條件下可以發生衝動，而非任憑本能隨意發洩。性愛不是、也不可能成爲不可遏止的支配人的力量。人可以利用自己的意志力，有意識地控制自己，不任其奔馳，毫無節制。一旦產生慾望和衝動，應及時地提醒自己，用理智的力量加以緩和。

●分散與轉移注意力

當兩人在花好月圓下談心，一方產生慾望時，另一方應立刻提議到人多的地方散步。當兩人在室內聊到情焰高漲時，不妨聽聽悠揚的音樂。這些做法都足以澆熄慾望與衝動。其他還可以討論家人、家具、如何佈置房間，乃至於前途、理想等。

此外，熱戀中的男女其中一方發生衝動而提出這種要求時，另一方應保持冷靜、理智，機智地化解衝動。也許他只是一時衝動，並非無恥下流之徒。

79每個人都有愛的權利，也有拒絕的權利。拒絕別人時要掌握分寸

菲菲在運動場上認識劉宇，他精明能幹，長得很帥，但菲菲對他並無男女之情，而且事業心強，不想在大學期間談戀愛。劉宇頻頻暗示，菲菲都假裝不知道。後來，劉宇親自來找菲菲，並請幾個哥兒們充當說客。菲菲很清楚對方的動機，爲顧及他的自尊心和在朋友前的面子，就寫了一封拒絕信給劉宇，信中清楚地表明自己的態度和拒絕的原因。劉宇收到信後，受到極大的打擊，也很苦惱。後來，劉宇畢業了，但每隔一兩個月都到母校來找她。菲菲不勝其擾，於是經過愼重考慮，就將此事告訴劉宇大學時的輔導員，請輔導員約劉宇懇談，終於使劉宇接受被拒絕的事實。

如果愛你的人正是你愛的人，那麼被愛是一種幸福，但如果愛你的人不是你愛

的人，或者你一點也不喜歡他，那麼你並不需要的這份愛就會成為你的精神負擔。這時，你可以關閉愛的大門，不過，這扇門可不能隨便關上。

有些女孩涉世未深，遇到這種情況，經常不知該如何拒絕，甚至因為處理不當而引發各種棘手的問題。

拒絕求愛的方法有多種，就形式上而言可用書信、可口頭交談，也可以委託別人，但無論用何種方法，一定要掌握某些原則。

●坦言相告，不拖泥帶水

如果你已有意中人，又其他追求者，那麼就直接明確地告訴對方你已有戀人，請他另覓對象，而且一定要表明你很愛自己的戀人。切忌向追求者炫耀自己戀人的優點、長處，以免傷害對方的自尊心。

●說明原因，力求言語溫和

如果你認為自己年齡尚小，還想繼續升學或進修，暫時不想談戀愛，那就講明情況，好言勸解對方，以免耽誤對方終身。

●委婉拒絕，不留任何考慮餘地

如果你根本不喜歡對方，可以在尊重對方的前提下婉言拒絕。對自尊心較強的男性或羞澀心理較重的女性，最好委婉、間接地拒絕。因爲有這類心理的人，往往是克服了極大的心理障礙，才鼓足勇氣說出自己的心情，一旦遭到斷然的拒絕，很容易受到傷害，痛不欲生，甚至採取極端的手段，平衡自己的感情創傷。因此，拒絕他們的時候，態度一定要眞誠，言語要謹愼。尋找適當的藉口拒絕不失爲一種智慧的做法，例如「我現在想專心工作，不想談戀愛，請你諒解」、「父母不希望我這麼早談戀愛，我不想傷他們的心」等。不過，雖然言語要委婉，但拒絕時的態度務必堅決，不要給對方留任何希望，免生後患。

如果這些自尊和羞澀感重的人沒有直接示愛，只是用言行含蓄地暗示他們的感情，那麼你也可以採取同樣的方法，迂迴地拒絕，利用適當的冷淡或疏遠讓對方明白你的心思。

●冷若冰霜，毫不留情

如果追求者的品德欠佳，你的態度更要果斷、拒絕更要冷淡，而且沒有必要斥責這種人，只需寥寥數語，表明態度即可。但措詞、語氣要嚴謹，不讓對方產生「尚有餘地」的非份之想。

如果在回絕後，對方還繼續糾纏你，那麼你要先仔細檢視是否自己的回絕態度不夠明確和堅決，讓對方產生誤解。

80三角關係是一把雙刃刀，既會割傷自己，也會刺痛對方

王浩、劉豐是美美的大學同學，二人都喜歡美美。王浩沉穩持重，劉豐機智幽默，美美一時拿不定主意到底該愛誰。於是三人糊里糊塗陷入「三角關係」中。後來，王浩對這種痛苦的愛情遊戲感到厭倦，獨自離開。失去對手的劉豐並不高興，反而覺得美美視愛情爲遊戲，不值得愛。最後，他也離開了美美。原本如乘雲霧的美美，頓時陷入失戀的痛苦中。

三角關係是不正常的戀愛關係，使深陷其中的三人都品嚐不出愛情原有的甜蜜，只有感到苦澀，最後可能還會自食惡果。萬一遇到這種情況，應該如何處理才恰當呢？

●當進則進，當退則退

如果有兩人同時或先後愛上你，不必驚慌，應該說你很幸運。這時，要冷靜地思考誰的性格、志趣、愛好與你合得來，對方的相貌、健康狀況、經濟條件等也必須列入考慮。當你選擇其中一個當成戀愛對像後，就要將全部的愛獻給他，不能與另一個人藕斷絲連。交往時，言談舉止要有分寸，不能顯得過分親切，並保持適當的距離。反之，如果你和另一人同時或先後愛上同一個人，你應該考慮你們所愛的人是否也喜歡你們。若對方不喜歡你們，那麼你們只是一廂情願。這時，你們要以豁達的胸懷、快捷的腳步從誤闖的戀愛區中走出來。

另外，如果你同時或先後愛上兩個人，你應該選擇其中最愛的一個，把你的愛全部給他。千萬不能腳踏兩隻船，否則最後會兩腳踏空，落入水中。

●魚與熊掌，不可得兼得

有些陷入「三角戀愛」的人無法拒絕兩位追求者的原因之一，是因爲他們各有優點。若能結合兩個人的優點最好，但這是不可能的。因此，只能看誰的優點適合自己進行取捨。都想要，反而都得不到。

●遵守遊戲規則

三角關係一定會出現感情的競爭，因爲愛情具有排他性，但身爲其中的一個競爭者，無論將來面臨成功或失敗，在競爭時都應該眞誠和大方，不應有粗魯無禮的行爲。很多人自詡爲「開放青年」，把戀愛視如兒戲，朝三暮四，見異思遷，腳踏兩隻船，甚至有人把戀愛當成金錢的交易，慾望的滿足。這些都是輕浮、放蕩和缺乏自尊、自愛的行爲，不只玩弄自己的感情，也踐踏了別人的感情，貽誤美好的青春時光，將來只會留下痛苦的回憶。

81 戀愛一帆風順固然可喜，一旦產生糾紛也要勇敢面對

劉華和李薇相戀，兩情相悅，關係親密，半年後兩人就訂婚了。訂婚時劉華花了不錢，但沒多久二人之間便出現了裂痕。劉華原是一名公務員，工作穩定，薪水不高，於是想趁年輕「下海」試試身手。誰知商海浮沉，不僅沒賺到錢，反而負債累累，劉華爲此苦惱萬分。李薇本指望劉華一舉成名，自己也能跟著風光，沒想到劉華商海沉船，因而抱怨不止。不久，李薇提出分手。劉華知道李薇遲早會和他分手，他滿足不了李薇的虛榮心。劉華同意分手。不過，因爲劉華欠了一屁股債，不得已只好跟李薇追討訂婚時的花費。李薇不給，劉華一氣之下找來親朋好友到李薇

家大打出手，把她打成重傷，而且還毀壞不少家具。最後，劉華被送進派出所。

每個人都希望戀情順利，能夠走進結婚禮堂，但事實並非盡如人意，許多人往往在相處過後發現彼此不合，感到不適應、不滿意，然後分手。有的人則是經過雙方溝通後才重新修復，而且感情變得更眞、愛得更深。然而，有時雙方不僅不能和好，反而產生不少矛盾糾紛，甚至激化到相互傷害的程度，造成許多遺憾。

●平心靜氣，協商解決

戀愛中產生糾紛的雙方應以上面的故事爲戒。處理問題時千萬要冷靜，不可意氣用事，做出過火的行爲。等雙方冷靜下來再協商解決。

因爲當事雙方最熟悉糾紛的原委，所以只要理智地思考對方的難處，就不難解決問題。無論結果如何，都要有解決問題的誠意，不可因爲談不攏就記恨在心，專挑對方毛病。一味的找對方麻煩，只會製造痛苦，無法消除心頭之恨。再者，這種打擊報復的做法十分惡劣，一方面表明你的涵養和素質低下，表示心胸狹窄，另一方面會造成對方的痛苦，自己也不一定會得到眞正的快樂。一旦做得過火，甚至會受到道德、法律的制裁。

●嚴於律己，寬以待人

戀愛時發生爭執，多半會將責任推給對方。這時，昔日對方身上籠罩的光暈就會消失，取而代之的是心中蒙上陰影，將對方的長處埋葬，只突出對方的短處，並越放越大，最後覺得對方一無是處。戀愛中的人經常推卸責任，把自己當成無辜的受害者，滿腹委屈。抱持這樣的態度可能激化矛盾，使矛盾擴大、升級，最後不可收拾。眞的要解決戀愛問題，就要自我反省，避免增加感情裂痕，鑄成難以收拾的結果。如果雙方仍有愛意、舊情難捨，更應該多想想對方平時對自己的關心、愛護。舊時的溫情往往能夠彌補爭吵產生的裂縫。

一旦雙方情意已絕，確無合好的可能，就要面對現實。爲了今後長久的幸福，最好果斷地分手。

●收拾善後，免留後患

（1）退還對方寄來的情書。一是可以防止睹物傷情，二是可以去除心病，三是以後尋找戀人時可以省去不必要的誤解和麻煩。

（2）交往時共同的吃喝遊樂費用，無論誰花得多、誰花得少，以不結算爲宜。一是很難清算，二是清算過程中反而容易爭吵。

（3）不索還互贈的禮品。當然，怕睹物傷情的人也可以主動歸還，但貴重物品最好還是歸還，因爲那是以戀愛爲前提而送的，一旦分手，前提就不存在，不能讓失戀的人在承受失戀沉重的打擊之後，還要蒙受經濟上的重大損失。

在處理戀愛糾紛時，若雙方能站在對方的立場思考，以理智、冷靜的態度解決，就容易解決問題。

82走出失戀的陰影，你將會得到一個陽光燦爛的新世界

麗萍與大鵬是青梅竹馬，相戀多年，就在他們即將走進神聖的婚姻殿堂時，遠在深圳的大鵬突然提出分手，並告知他已另有所愛。心痛欲裂的麗萍幾乎要崩潰，終日神情恍惚，以淚洗面，不能自拔。

失戀是一把鈍刀，它會一點點地呑噬著你的心，讓你求生不能、求死不得。到底該怎麼做才能脫離絕望的深淵呢？

●時間是最好的醫生

失戀後，通常會經歷如雷殛般的震撼，以及撕心裂肺的痛楚。前者是「危險

期」，可長可短，只要闖過了危險期，接下來就可以逐漸從失戀的痛苦中走出來，踏上「康復」之路。因此，不必絕望、著急，痛苦終究會隨著時間的流逝而消散。當然，或許在回想時心中還是會隱隱作痛，但畢竟最痛苦的時光已經過去了，你應該欣喜。

●善待自己

失戀後最重要的「功課」是反省，同時明智地善待自己，合理地評價自我、愛情和生活。

有人失戀後得出下列的結論。

（1）以偏概全——天下女（男）人都是不能信任的負心人。

（2）糟糕透頂——沒有愛情，活不下去。

（3）追求完美——所有的痛苦都是不好的。

（4）歸納原因——對方不要我都是我的錯。

而另一些人則得出了相反的結論。

（1）驛路梨花處處開，天涯何處無芳草。

（2）失戀不等於我是失敗者。
（3）一個人不愛我不等於其他人都不會愛我。
（4）我仍有愛的權力。
（5）人間自有眞情在。
（6）愛情並不等於人生的全部。
（7）很多人都經歷過失戀，這並不丟臉。
（8）「吃一塹，長一智」，士別三日，當刮目相看。
（9）痛苦並非一無是處，痛苦的經驗可以幫助人成熟。
（10）問題不一定都出在我身上。我不負人，問心無愧。

你千萬不可鑽牛角尖，自討苦吃。如果你認爲失戀就是致命的傷害，任誰也救不了你。但換個角度看問題，一切自會豁然開朗！

●保有一顆寬容心

失戀的人容易仇視傷害自己的人。

歌德在《少年維特的煩惱》中描寫了維特失戀時瘋狂至極的心情，例如「在我破碎的心中常有一個念頭瘋狂地糾纏不休——殺死你的丈夫——殺死你！」、「愛有多少，恨就有多少」。甚至有人會用自殘的方式來報復對方，企圖讓對方悔恨終身。許多人當初對待情人如「春天般的溫暖」，一旦自己的佔有慾得不到滿足，就轉而如「秋風掃落葉」般無情地對待「敵人」！早知如此，何必當初，即使對方確實在某些方面對不起你，但殘酷的報復就能挽回消逝的愛情嗎？毀掉別人，同樣毀掉自己的畢生幸福。爲一個不愛你的人付出這樣大的代價是否值得？

莎士比亞說：「當愛情的波濤被推翻後，我們應當友好地說一聲『再見』！」你要是眞正愛對方，就應該爲對方著想，尊重對方的選擇。「愛情不成友誼在」，愛一個人，若得不到對方，那麼默默地把這份感情埋在心底，將其化作眞誠的友誼吧！

●寄希望於未來

「要醫治失去一個美麗女子的創傷，最好的藥物就是另一個同樣美麗的女子。」在失戀者的眼中，曾經的她是世界上唯一的西施，但是如果你用另一種眼光去審視、比較，或許會驚訝的發現，她並非如你所想的那麼完美無缺。當你再一次墜入愛河時，驀然回首，也許會發現：「塞翁失馬，焉知非福！」鋼琴大師李斯特十七歲的初戀失敗後痛苦異常，一病就是兩年，並發誓要進入修道院。後來，他認識女作家達古夫人，從新的愛情中得到了拯救。《理智與情感》中，瑪麗安娜失戀後悲痛欲絕，對母親說：「我世面見得越多，越覺得我這輩子再也見不到一個會讓我眞心愛戀的男人。」於是她開始自殘，差點送命。後來，姊姊的經歷使她變得理智起來，用行動否定她的「格言」。她發現自己屈從於新的情感，擔負起新的義務，把她的整顆心完全獻給了丈夫，過著美滿幸福的生活。

●化悲痛為力量

愛情並非人生的全部。人不僅有愛與被愛的需要，還有更高層次的需要，就是自我實現。令你感興趣的事情或工作也是治療失戀的良藥。你已經失去愛情，難道還要再失去生活的目的和意義嗎？歌德正是根據失戀的親身體會，把失戀的痛苦昇華爲創造的動力，寫出了轟動一時的《少年維特的煩惱》。正所謂「禍兮福所倚」。

83緣是天意，分是人為，要想有緣有分，至少要有如下「本事」

小麗是個多情的女孩，她愛上一個長得帥但有點靦腆的男孩大偉。小麗略施小計，使大偉與她傾心相愛。與大偉相戀的日子裡，小麗眞的是甜蜜無比。然而，她怕有一天大偉會變心，所以她一有機會就與大偉在一起，不留給他半點獨處的時間，而且不斷地問他：「你愛我嗎？」最初，大偉覺得這是小麗深愛他的表現，但時間一久，他開始受不了。不僅沒有自己的生活空間，還要時刻防備小麗突如其來的各種考驗。經過一番思考之後，他悄悄地從小麗身邊消失了。

俗話說：「栽花容易，養花難。」愛情這株鮮花也一樣，需要你用心去呵護、滋養。只有投入理解、尊重與信任的甘泉，愛情的花朵才會盛開。

●不做虛假的承諾

反覆問對方：「你愛我嗎？」一定引起對方的反感。

愛來去無蹤，時弱時強，不因人的意志而轉移。經常給予愛的承諾是不切實際的。

不要許諾你會愛對方一輩子。愛情來去如風，不必做出任何虛假的感情承諾和保證。寧可要求對方誠實地說出對你的感受，因爲愛更需要坦誠。

●不要讓感情成為囚籠

距離產生美感。在日常生活中，彼此要給對方空間。這不表示不需要對方，只是要讓彼此有獨立存在的自由。

切勿過分執著「我們」。愛人也好，夫婦也好，仍是兩個不同的個體。最美好的境界是放對方飛，讓他自在地呼吸。

短暫的分離可以讓人重獲獨立的感覺。再次見面時，會使彼此對「生活」和「獨立」有新的體會。「小別勝新婚」的道理即在於此。

●不要成為附屬品

完全依賴對方，等於放棄自我，愛的吸引力也會消失。因爲當初他所愛的是「眞正的你」，現在你卻變成他的附屬品，就像黏在他的身上一樣，反而給對方束縛感。你覺得這種黏膩的愛會有吸引力嗎？

做你自己，自己主宰自己，不要變成對方的另一半。

只有你才知道自己的目標。過分依賴別人只會增加無助感。不要怕犯錯，開始依賴你自己吧！別斤斤計較，犯了錯，再從頭來過就好了。

只有你才該對自己的生命負責，了解自己的優點和缺點，可以幫助你掌握理性的自我概念。

你可以適度地依賴他，刻意製造一種你需要他的感覺，讓他覺得受到重視，但不必須完完全全依賴他。

●允許對方犯錯

要原諒對方的過錯，因爲你也同樣會有過失。愛到深處，可能會產生「恨鐵不成鋼」的想法，似乎對方一點細微的過錯都是感情的瑕疵。世上沒有完美的事物，感情也一樣。

●保持神秘感

男女間的感情是人世間最奇妙的事情，既要忠誠坦白地相處，也要保持部分秘密，這樣才能抓住對方的好奇心，保留一點期待的感覺。對女性而言，這一點尤爲重要。

一個女人的魅力，多少來自她那份令人捉摸不透的神秘性。古代有一個妃子，美艷無比，深受皇帝喜愛。有一天她生了重病，危在旦夕，皇帝心痛不已，前去探視。妃子卻命宮人緊閉紗帳，不肯面聖。皇帝大惑不解，妃子悽惋地說：「妾之所以蒙君寵愛，是因爲還有一些姿色，而今花容憔悴，姿色凋殘，如何能激起皇上的愛慕之情呢？」皇帝大哭。妃子死後，皇帝厚葬她，同時優厚撫恤她的家人。皇帝每日看著妃子的畫像，思念不已。多麼聰明的一個女人，後宮佳麗如雲，哪一個能得此殊榮？

●過去的，就讓它過去

在認識你之前，他可能有過戀愛經驗，如果你認爲他還忠實、還愛他的話，就不應該追根究柢追問對方從前的事。因爲這種舉動容易招致對方反感，覺得你量窄多疑，減少對你的信心，而且在這種情形下，他縱使說出來，也未必是眞的，不過是多此一舉罷了。切記，對待他的過去，最好的方法是一笑置之。

●不要一味遷就

戀愛是男女雙方情感的交流，唯有互相諒解、彼此體貼才能順利圓滿。最初有的人會為了獲取對方的好感而答應各種要求，不敢說半個不字，以為這樣才能培養感情。殊不知一味的遷就等於縱容，時間一久，對方就會像被慣壞的孩子一樣，變本加厲地折磨你，而且對你的遷就毫不領情。試想，哪個男人會喜歡一個「應聲蟲」般的小女子呢？這種愛情容易有擱淺的危險。

●用理智擦亮眼睛

剛開始交往時，不要輕易答應對方不合理的要求，女性尤其要注意。有的女孩深愛對方，怕拒絕對方會破壞彼此的感情。其實這種擔心是多餘的，如果要靠這種方式維持感情，則已經不是愛情，而是肉慾了。縱然失去，也不可惜，反而應該慶幸你早點逃離了魔爪。反之，完全接受對方的要求，會給他一個棄你而去的理由。他或許會想，你眞是個隨便的人！

因此，交往過程中，要用理智擦亮你的眼睛，才能看清對方的一切，了解他是否眞的適合自己。

84 父母是天地，戀人是雨露，我一定能使大自然融為一體

小剛喜歡一位叫孟孟的女孩，但他的父母看孟孟不順眼，認爲她舉止隨便，不像正經的女人。後來，聽說孟孟曾經跟別的男人同居過，小剛的父母更加反對。他們對小剛說：「我們絕對不讓這樣的女人進家門，你不要臉，我們還要臉呢！」但小剛深愛孟孟，最後爲了孟孟與父母鬧翻。

很多父母因爲太保護自己的兒子，所以會過分挑剔兒子的女友。當你遇到這種棘手的問題時，應該把握以下幾點，尋求圓滿的結局。

●理智冷靜，退讓三分

首先，我們應該理解父母眞心爲兒女著想的心情，釐清自己與父母的關係。吵鬧、迴避，甚至爲此斷絕與父母的關係，只會加深彼此的隔閡與怨恨。兒女敬老、愛老是多方面的，在婚姻問題上更應尊重長輩意見，善加溝通，採取理智冷靜的態度。在關鍵的時刻，不妨先退讓，這並不傷及我們的面子。長輩的自尊與權威促使他們不向晚輩低頭認錯，這是很自然的，要多體諒。

●吸取教訓，睜大眼睛

對父母有理的經驗之談，我們不能反駁，而應以此爲借鏡。父母雖年老，但看問題比年輕人要犀利。俗話說：「當局者迷。」處在熱戀期，難免有些暈頭轉向，適時地吸取長輩的經驗，可以避免悲劇發生，不妨借父母之力走出情感的沼澤之中。

●尋找機會，說服開導

如果父母老是戴有色眼鏡看人、看事，做晚輩的可以透過多種途徑改變他們的觀感，例如可以尋求其他親戚游說，請他們以兒女的幸福爲重。

晚輩要學會看火候、抓時機，避免火上加油。與父母反目，不僅無法成全老人的心願，更會耽誤自己的終生大事。

第六篇
創業經驗

獨立創業是很多人的夢想，也是值得稱許的志向。不過，創業前要認清現實。當老闆不僅意味著多賺錢，還意味著操心、麻煩，以及承擔更多失敗的風險。如果只想賺錢，最好打消創業的念頭。創業有規則可循，掌握規則，將大幅度提高成功的機率。千萬不要像盲人騎瞎馬，亂碰亂闖。

第一章　完善的計畫是創業的寶典

85準備周全，獨立創業非夢事

豐華聰明能幹，抱負遠大，不想一直打工，夢想有一天能夠自立門戶，自己當老闆。有一天，豐華因故與老闆發生衝突，大吵一架後，豐華炒了公司魷魚，自己申請一家小公司。原以爲可以大展拳腳，不料商海險惡，豐華的公司不到半年就倒閉，還欠了一屁股債。豐華灰心極了，心想：難道創業那麼難嗎？

從打工到創業，轉變極大。轉變時期有人成功，也有人失敗。失敗的原因主要是急於求成，準備不足。

1、背水一戰：既然想創業，就要有不達目的誓不罷休的決心。天天想著退路，十之八九會失敗。幾乎每個創業者都有一篇血淚斑斑的創業辛酸史。一般而言，事業開始的一年半載，通常會在虧蝕到彈盡糧絕時才有轉機。就像戰爭搶關奪隘一樣，是考驗意志的時候。只要能夠闖過這個難關，必有一番願景。稍有退縮，必會慘敗，甚至嚴重打擊信心，導致很長一段時間都難再有創業的勇氣。

2、學藝賺錢：老闆是一門綜合性的職業，需要具備管理、技術、業務、財務等多方面的知識。「不熟不做」，你絕對不能等到開公司才從頭學習，最好在創業之前先到其他公司偷師學藝。建議選擇規模較小、分工不明確的公司。這類型的公司，麻雀雖小，五臟俱全，有助於得到全方位的鍛鍊。如果要進入大公司，則一定要謀到職位較高、能涉及各部門的工作，才能掌握各方面的知識。

比其他人更熱心投入工作，做事任勞任怨，處處為老闆著想，凡事自動請纓，這樣不但能為老闆賞識，自己也可以在一定時間內學到更多東西。既然目的不是陞遷，就不必與人競爭，而可以幫助別人，將功勞轉給別人。如此一來，有助於培養良好的人際關係，搜集到各種情報，甚至在離開時帶走得力的人。再者，創業後若有困難，可以找舊同事幫忙。

到目標公司偷師，不僅不須交學費，還可以賺取薪資，學習別人的做事方法。只要私下以自己做老闆的觀點去分析和觀察問題，留意相關人才，那麼學成之後，就可以自立門戶了。

3、識人與用人：想要擁有一批得力的下屬，端視識人的眼光和用人的手段。創業失敗的人非常能夠體會做老闆的難處，但又有老闆的視野和經驗，是不可多得的人才。不過，在人事變幻無常的現代商業社會中，我們很難有充足的時間去觀察和考驗下屬的忠誠。因此，創業者要學會利用各種方法觀察人，並把握「疑人勿用，用人勿疑」的原則。

86 可遇不可求的運氣，不如一套成功的創業計畫

嘉輝先在某公司打工一年，後來與幾個朋友合夥開了家貿易公司。然而，他事先沒做好詳細的籌劃，只想賺大錢，市場什麼賺錢他們就做什麼，今天賣服裝，明天倒鋼材，結果資金、人力分散，難以集中力量，更無法培養固定客戶。勉強支撐一年後，公司負債倒閉，幾個合夥人也「樹倒猢猻散」，各奔東西了。

創業前，一定要先仔細分析自己的情況，擬定周詳的計畫，才能幫助於你找到正確的創業方向，實現創業目標。

1、量力而爲：以現有的條件決定要選擇的行業。資金不足就選擇資本低的行業，也可以選擇起步簡單的行業，例如房屋中介公司、維修服務公司、小餐館、專業服務（如會計師、財務管理、醫療服務）等。當然，這些行業都需要相應的專業技能。

如果你擁有絕佳的創意或某些得天獨厚的條件，就更容易選擇創業的方向。所謂得天獨厚的條件是指具有某項專利權、絕佳的地點或現成的顧客基礎。此外，建議你善用別人沒有的資源、展現特殊的才能，甚至有一些能保證成功的人際關係，對創業絕對有幫助。

2、正視風險：「敢於追求最好的結果，敢於承擔最壞的結果」，這是創業者應該具備的基本觀念。有人說：「五年內，十家新店倒七家。」無論是否正確，這個數據還是讓人吃驚。事實上，一個企業若能撐到五年以上，就表示其產品、價格、地點及經營方式已獲得消費市場的肯定。而這些成功的基本要素對草創的公司來說，仍是個未經考驗的未知數。

資金不足和技術缺乏通常是導致新公司或商店倒閉的兩大主要因素，這兩者都是高度不穩的產物。因此，你一定要有承受高風險的心理準備。

3、評估創意：創意不必新穎、不必獨有，甚至不必是什麼好創意，重要的是，這個創意必須具備市場潛力。下列幾個原則有助於判別你的創意是否擁有良好的市場潛力。

是否合乎實際需求？現在或未來是否有市場？仰賴顧客的需求是否足以維持生計？現在的市場是否已有許多競爭對手？實際可行性如何？技術能否配合？產品或

服務的成本是否在消費者能夠或願意負擔的範圍之內？你是否擁有所需的知識及技術？是否已有人嘗試做過相同或相似的事，其結果如何，爲什麼？

只要根據上述的原則，評估創意，就能大致了解其市場潛力。

4、周密計畫：在充分評估過市場風險後，你就可以開始擬定一個縝密詳實的計畫。計畫的大綱可參考下列重點。

（1）整體概念。這是尋求資金贊助或人事合作時的基本資料，可以在短時間內讓人了解你的創業計畫，爭取到有利的合作機會。內容應該包括創意內容、獲利潛力及可能風險的評估等。

（2）產品或服務內容。產品或服務內容的相關資料，包括製造過程中的各項成本、名稱或所需的包裝，以及任何獨特或具競爭力的有利條件。另外，還要記錄產品或服務的保證措施，以及與人競爭時可能會遭遇的阻礙等。

（3）市場。所謂的「市場」可由大小、區隔、成長情形、獲利率、地點、競爭及人口統計分析等幾項來定義。

（4）例如消費者決定購買產品或服務的過程及何人決定購買，當你瞭解未來消費者的背景後，就能掌握價格和競爭的環境。另外，計畫內容也要說明市場的特點，如銷售方式、市場循環性，以及政府的影響力等。

擬定工作進度表。進度表應詳載工作內容、執行時間，有時還須列入計畫開始與結束的時間，以及各項工作的負責人等。進度表的內容大致如下：完成產品、服務及包裝的設計、選擇供貨廠商、僱請員工、決定地點、製作宣傳或操作手冊、創意廣告及促銷方案、取得營業執照及許可證。創業計畫如同繪畫，是將想像的圖景透過適當的行動變成眞實的圖景。

此外，還有定期的會議時間、與顧客接觸的時間、佈置店面──家具、電話、工具、電腦、文具等。當然，進度表不可能萬無一失，以上僅供參考。

預算。創業預算要注意兩個重點：現金流通量及財務困難的徵兆。你可以準備一個良好的會計系統來幫助你每月都能仔細監控這兩大重點。身爲老闆的你，應該盡快學會從每日或每週的帳目中，探測出任何財務危機的警告信號。

5、求人不如求己：創業初期，既沒有員工幫你，也沒有關係深厚的銀行、零售商或供貨廠商贊助，更談不上有固定的顧客群。因此，你一定要開發並建立吸引別人來捧場的熱忱。畢竟在事業初創時期，只有你自己對未來的發展有信心，也只有你自己能執掌成敗大權。

87 聰明投資，賺取創業基金

莉莉大學畢業後，從事書籍的排版工作，每個月只領微薄的薪資。朋友聚會、與戀人外出遊玩，都是一筆不小的開銷，令她煩惱不已：是否有既不捨棄眼前這份穩定工作，又能賺外快的好方法呢？結果，她買了一台電腦，利用自己的專長，在空暇時間接其他公司的設計工作。沒想到在收入增加的同時，也結識不少客戶。後來，她自己開了一家設計公司，憑藉以前建立起的關係，拉攏更多客戶，業績蒸蒸日上。

賺錢是充滿冒險的過程，每個環節都有風險，一旦出錯，可能會慘賠。那麼要怎麼做才能降低風險呢？曾有成功的企業家歸納出三種規避風險的方法，值得借鑑。

1、不任意辭職：很多年輕人一旦有好的點子，就會迫不及待地辭職，躊躇滿志的投入新的創意之中。然而，往往沒幾個月就走向破產的命運，僅有的一點資金很快就消耗殆盡，卻沒有其他收入來補空缺。因此，請不要急於辭去現在的工作，建議在閒暇時間發展你的創意。這種做法有下列幾項優點。

（1）不影響固定收入。
（2）固定的薪資是資金的可靠來源。
（3）創業失敗不會影響你的固定收入。
（4）許多賺錢的創意多半源自於你的工作、朋友和經歷。
（5）業餘的收入可作為二次投資之用，原本固定的薪資則能維持家用。
（6）當你的資金、創業經驗累積豐厚時，就可以辭去工作，獨立創業了。

2、借雞生蛋：有時必須仰賴投資，如炒股、集郵等來賺錢。當資金不足不得不借錢時，請特別注意以下幾個重點。

（1）尋找最低利率和最低貸款費用。
（2）釐清本身能夠支付的利率。
（3）選擇最長的還款期限。
（4）選擇歸還最小的金額。
（5）小心騙子和可疑的人。
（6）確實掌握借貸的金額。
（7）與貸款者見面。
（8）貸款的原因和金額。

（9）申請貸款時務必服裝整齊。
（10）借錢的目的在於賺取額外的收入，不要浪費在無謂的蠅頭小利上。
（11）未充分了解貸款授權書之前，千萬不要輕易簽名。
（12）如果借貸的錢能用在其他更有利可圖的地方，就不要急著還清貸款。
（13）切勿延誤還款時間。按照還款有助於提高你的信用度。
3、雞蛋不要放在同一個籃子裡：「雞蛋不要放在同一個籃子裡」，能有效分散風險，被投資者奉為圭臬。

如果業餘投資能夠同時發揮作用（例如既炒股、集郵又投資），賺大錢的機率就會更高。多種投資方法會讓人始終興趣十足地保持源源不絕的創造力，很少人會因為失去興趣而拋開賺錢的目標。每一個投資方案都有助於拓寬閱歷，並有效地將業餘時間轉變成一天中最有收穫的時間。

再者，雖然業餘投資可以增添生活樂趣，但千萬不可顧此失彼，擔誤本業。在翅膀未豐之前，本業還是你安身立命的基本途徑。

88 找對籌資管道，踏出創業第一步

文彬是貨車司機，他很想自己開一家運輸公司，可惜資金不足。於是，他邀請另外兩位司機朋友合夥。他們三個人的錢加起來只夠買一輛車，於是他們用這輛車去向銀行抵押貸款，又買回一輛車，然後再用第二輛車去向另一家銀行抵押貸款，又得到買一輛車的錢。結果，他們用這種方式經營起運輸公司。幾年後，公司不僅擁有十幾輛車，而且還清一切債務。

籌集資金有下列數種管道。

1、要賺錢先省錢：想創業，就要養成勤儉的習慣。累積資金，是籌措資金的首要渠道。只有充分合理地運用資金，不斷生產及提高盈利水準，形成「生產——累積——再生產——再累積」的良性循環，資金才能取之不盡，用之不竭。

2、向親友借錢：這是一般人創業時最容易想到的方式，但最好不要選擇這種方式，否則弄巧成拙，容易破壞彼此的感情。另外，在開口借錢之前，應讓對方知道用途，由對方評斷你是否有能力償還。切記，向親友借的錢務必要確實清償。

3、尋求其他合資夥伴：個人的資金有限，若能集合其他的資金，就可以籌措到一筆較大的資本。股份合資可採用少數人的合股，通常由二至三人組成。

4、向銀行貸款：現代人須打破只依靠「個人資金」經營的傳統觀念，樹立借貸經營的金融觀念。在市場經濟條件下，利用銀行貸款經營有助於挹注個人資金經營。前往銀行說明貸款的相關情況時，銀行借貸人員會對借貸人進行如下的調查。

（1）根據借貸人現有的資金情況及償還能力，決定借貸金額。

（2）借貸人借款的用途，是否用於正當管道。

（3）貸款人業務範圍及未來的盈利預測。

（4）根據是否挪用貸款用途，決定繼續貸款或拒絕貸款。

（5）貸款有無擔保人，擔保人是否有償還能力。

5、典當借款：曾經沒落的典當行業，在市場經濟的浪潮中又悄然復甦了。典當是變相的銀行信貸。有人認爲，向親友借錢全憑親疏，甚至有破壞感情的風險，不如進當鋪，至少可以擺脫「人情」的包袱。

6、租賃：租賃是一種契約性的協議。一般分爲經營租賃和金融租賃二大類。經營租賃是指房屋建築、機器設備、儀器儀表及運輸工具等的租賃。金融租賃是專門解決資金問題而採取的租賃，亦稱融資租賃。以租賃爲籌資管道的好處在於，創業初期不必籌措大筆資金購置固定資產，只要支付爲數不多的租金即可獲得所需設備，可一邊生產一邊盈利，甚至一邊償還租金。

89 挑對地點，創業成功一半

玉芳工作數年，累積了一些資本，打算開一家服飾店。她租了市中心一個店面，重新裝修。她對服裝很有品味，服務也很親切，但是生意卻不如想像中的好。顧客寥寥無幾，買的人更少。玉芳百思不解，於是去請教專家。結果對方說：「妳選的店面位置不對，周圍沒有其他服飾店。只有你一家小店，可挑選的種類少，顧客無從比較，當然不會上門。」玉芳原以爲自己的店沒有競爭對手，生意會更好，卻沒想到原來觀念錯誤。她當機立斷，將店遷到許多服飾店聚集的地方，生意果然越來越好。

就像作戰要佔領有利的地形一樣，選擇最合適的地方，事業等於成功了一半。

一般而言，各城市都有五種基本的地域類型：

1、中心商業區：它是城市的中心地帶，是主要商業活動的集中點。這個地區的主力是百貨公司等大型商場。商品種類繁多，規格齊全，客流量大，而且顧客群多半是有相當消費能力的人。如果這個區域有小店面出租，只要你手中擁有足夠的資金，再小都應該想辦法爭取到手。你可選擇專營高級精品或快餐食品等效益較高的事業。

2、次級商業區：中心商業區的外圍或邊緣地帶。這些地方的租金和不動產價格比中心商業區低廉，交通較不壅塞，行人也稍少，所以這裡多半是帶有娛樂性和優雅氣氛的商家，例如娛樂場、咖啡廳、舞廳、健身房、家具店等，對顧客有很大的吸引力。

3、聚集商店區：一般專賣同類型的商品，爲同一個階層的顧客服務，如五金、生活雜物、水電、寵物等。

4、住宅商業區：住宅區的中心商業區，可吸引步行或騎車的附近居民。商店多爲顧客提供方便的貨物或個人服務。街坊區通常適合開辦二十四小時營業的飯店、修理店、花店、水果行、蔬菜行、理髮廳、乾洗店、菸酒店、日用百貨店等。

5、郊區：對某些企業來說，所處的位置與成交額沒有絕對的關係，他們可以透過郵購、運送專車等向顧客提供商品服務，例如郵購、製造業、加工業等。因此，如果你想開小工廠、小車行等，不妨選擇租金低廉、安靜開闊的郊區。

●商店的位置重於規模

一旦決定開店，就要對選擇地點進行全方位的考察，掌握該社區的人口數量、結構、經濟發展狀況、生活水平、消費習慣、其他商店的狀況，甚至學校、就業、交通、地形等都很重要。仔細權衡各個地點的利弊，選擇最適當的地點。這樣你才能贏得更多顧客，使業績蒸蒸日上。

90讓人印象深刻的公司名或店名，「招牌」更容易叫響

火軍小名「火火」，開了一家冷飲店，以自己的小名爲店名，命名「火火冷飲店」，希望「生意火紅」。沒想到開業後生意卻很冷清。朋友勸他：「人家是熱得慌才來吃冷飲，一看見「火」字心裡就煩，不如改個店名。」火軍認爲有理，改成「清涼冷飲店」，果然門庭若市。

爲店鋪命名的基本原則是名副其實。通俗、容易讓顧客產生好感的店名，有助於增加來客率，其重要性不亞於選擇一個好地點。到底有什麼命名的訣竅呢？

1、點明店鋪的性質和營業項目：例如「內衣專賣店」。「內衣」是經營項目，「專賣」是性質。「鐘錶修理店」，「鐘錶」是範圍，「修理」是性質。

2、點明服務對象：例如「婦幼用品店」、「盲人用品店」、「學生參考書店」等，點明服務對象分別是「婦女和兒童」、「盲人」、「學生」。當然，身體沒有殘疾者也可能到盲人用品店購物。

3、點明服務特色和風格：例如某快餐店名爲「狼吞虎嚥」，意味著非正統的速食；咖啡廳命名爲「尋夢園」或「星夜蜜」，意味著服務高級或格調高雅。「狼吞虎嚥」不適合淑女或紳士，但對飢腸轆轆又急於趕路的人而言，卻是一大福音。

4、點明老闆身分或特徵：例如「甜姊兒美食店」、「帥哥美髮廳」、「鬍鬚仔檳榔店」。「甜姊兒」點明老闆是甜美的女孩兒，「帥哥」點明老闆瀟灑帥氣，「鬍鬚仔」點明老闆可能有濃密的鬍子。不過，如果取名「鄧麗君歌廳」或「周潤發健身院」之類的店名，一看就知道在譁眾取寵。

5、點明營業時間：例如「全天候餐館」等，向顧客表明你的服務時間是全天無休的。

6、點明店面的大小、方位：例如「小不點髮廊」、「轉角加油站」。「小不點」店面雖小，但顧客一看店名，就會產生一種「小巧可愛」的感覺；「轉角」則讓司機每到那個轉角，就聯想到有個服務周到的加油站。

7、點明價格：例如「十元商店」。點明全店大部分販售十元商品，如各類精美鈕扣、文具、橡皮筋、小卡片等。

91 投資方向決定成敗

小敏是某公司職員，待遇不錯。聽別人說炒股票可以賺錢，看了兩本有關股票的書後，躍躍欲試。她從小道消息得知很多人買某支股票，認爲該股價位會上揚，立刻大量買進。不料，第二天那支股票跌停，一下子就被套牢。小敏不服氣，繼續玩股票，短短三個月，就把自己幾年來的積蓄都賠了進去。後來，她向朋友借了一筆錢，辭職專玩股票。因爲她覺得之前的失敗是工作分心造成的。然而，幾個月下來，小敏不但未能賺回老本，連借來的錢也賠下去，後悔莫及。

資金只有投向最能獲利的地方，才可以達到利潤最大化的目標。盲目投資可能會血本無歸。一般來說，民間投資方向具有下列的特點。

1、大型不如小型：大型標的穩固後，單位成本低，技術基礎強，容易形成支柱產業，但是資金需求量大，管理經營難度高。因此，一般的投資者最好選擇投資小、見效快、技術難度係數低的投資標的。

2、重工不如輕工：重工業投資週期長、耗資多、回收慢，通常不是民間資本競爭的領域。加工製造和經營輕工產品風險小，立竿見影，較適合民間資本。

3、用品不如食品：民以食爲天，食品市場大，幾乎是持久不衰，而且食品業投資可大可小，容易切入，選擇空間大。反觀一般的生活用品市場，顯然沒有這麼多優勢。

4、男人不如女人：西方商界有句話：「做女人的生意，掏女人的腰包。」根據市場調查顯示，社會購買力七十%以上掌握在女人手中。因此，在消費品領域投資，無論是生產或銷售，只要將客戶群定位於女人，將會有更多的發展機會。

5、大人不如小孩：兒童消費品在市場中頗具潛力。這個市場彈性大，隨機購買力強，加上兒童容易受廣告、情緒、環境的影響，所以前景看好。

6、綜合不如專業：品種豐富、大眾買賣，幾乎已經成爲一般投資者的思維模式。

市場經濟是綜合化發展的，必須注重宏觀、不可輕忽的態勢和整體格局，而微觀領域往往要靠專業化取勝。專業化生產的流通具有技術優勢和批量經營的特色，在競爭中佔有一席之地。

做生意最好選擇自己熟悉的行業，陌生的領域風險太大。

7、內地不如沿海：雖然內地資源豐富，投資市場潛力大，但是沿海投資環境好、資訊發達、交通方便、資金流動性強、市場活躍，所以投資沿海地區的成功機率較高。以中國大陸爲例，遼東半島、膠東半島、長江三角洲、珠江三角洲、雷州半島、閩南三角洲等，目前仍是相當被看好的的投資地區。

8、購屋不如租賃：投資不一定要從頭開始，經濟發展到一定階段，許多投資項目都可以利用現成的人才、設備、廠房、店面，甚至是管理機構，藉此可節省資金。

當然，以上只是投資的普遍規律，實際決策還是必須根據自身條件和對當時形勢的判斷來決定，前提是不要從事自己不熟悉的產業。隨著經濟的發展，投資領域變得越來越寬廣。除了傳統的投資領域之外，你還可以選擇股票、房地產、期貨、債券、外匯等。

第二章 了解遊戲規則，輕鬆掌握市場機制

92 無風險不成生意，風險隱藏在利益背後

明新在某山區的公家機關工作，他發現下山做生意的人越來越多，於是也辭職開了一家裝潢店，專做牌匾。後來，他見很多人紛紛跟進，評估這行難有發展，而改做花籃。他的花籃店是該區第一家這類型的店，結果生意興隆。其後，別人見做花籃賺錢，又紛紛跟進。明新立刻轉向，開了一家室內裝飾裝潢公司。當時，很多建商大量蓋新房，使得明新又賺了不少錢。現在，雖然新開的裝潢公司很多，但是明新已經實力雄厚，專攬大工程，其他小老闆根本不是他的對手了。

「無風險不成生意。」生意風險是每個創業者考慮的重點問題。所謂風險，是指企業在採取某項行動時，事先不能完全肯定會產生某種後果，只知道可能產生的幾種後果及每一種後果出現的機率。機率就是指隨機事件發生的可能性大小的量。

風險與利益並存。一般而言，企業的經營風險與盈利成正比。逃避風險意味著逃避利益。發現風險，避開風險損失，找到隱藏在風險背後的利益，是成功的必然

途徑。

以下是創業者經常遇到的一般風險。

1、買方或賣方的風險：簽約後，買方或賣方都有風險。對賣方來說，他們簽訂一份合約後，就必須按照合約的要求生產，面臨買方因不按時履約、不履約及不付貨款而導致貨物積壓損失的風險。對買方來說，也同樣面臨賣方不能按質、按量、按時交付合約所規定的商品而導致打亂經營計畫、蒙受損失的風險。

2、買方或賣方本身的風險：這類風險指買方企業或賣方企業簽完交易合約後，因企業本身決策失誤，如市場調查不透徹、計畫不周全、管理不善、資金不足或其他原因，導致不能按時履約或無法履約，迫使對方提出索賠的風險。

無論是來自何方的風險，都可能重創剛起步的企業。總之，一定要睜大眼睛，學習如何規避創業風險，將可能的風險減至最低，防患於未然。

93 借鑒他人得失，降低創業風險

立明精明又冷靜，剛開公司時，朋友們都勸他做時下正熱門的網路生意，但他卻力排眾議，選擇了廣告公司。因爲他自己是學設計出身的，又有一個得力的助手跑業務，從事廣告業比較有把握。結果不到一年，他的廣告公司業績蒸蒸日上，培養不少固定客戶。當眾多網路公司不景氣時，大家都對立明的先見之明稱許不已。

當你爲創業四處奔波籌措資金時，多少會有朋友或長輩提出中肯的建議和經驗供你參考，他們擔心的就是風險問題。到底如何才能避免創業風險呢？

1、避免期望過高：大部分的人都佩服有勇氣自己開創事業的人，但是不能將勇氣和無所畏懼混爲一談。對失敗心存畏懼很正常。創業投資的出資人知道在慘淡經營的年頭，畏懼失敗是最大的刺激與動力，它能讓活絡你的創意，產生更大的創造力。

2、重視競爭對手：認眞評估競爭對手，不可等閒視之。你的工作成果取決於競爭對手的努力程度。當然，你的業績也有可能因爲對手的努力而減少。不過，埋頭苦幹，忽視競爭對手，是絕對不可能成功的。

3、不當錢奴：健康的心態是成功的基礎，投入資金永遠比不上投入心力。有人投資百萬、千萬創業卻慘賠，而很多白手起家的人卻能成爲百萬富翁。因此，只有理想和目標才能解決問題，金錢只是促其實現的工具。

4、計畫確實：有的人創業計畫編得頭頭是道卻窒礙難行，導致創業流於空想。成功是行動的結果，而不是計畫本身。

94 訂定具體目標，掌握成功方向

瑞文在創立公司之際，就擬定了創業目標和實現目標的詳細計畫，並充分考慮可能遇到的困難。由於他的準備充分，所以成竹在胸，公司很快就步入正軌。最初的勝利帶給他十足的信心。當該產業不景氣時，許多同行不是紛紛落馬，就是匆匆轉投其他產業。瑞文則因事前就預估到這種情況，所以面對困境毫不慌亂，採取適當的應變措施，度過最艱困的時期，最後他的公司成爲該產業裡的佼佼者。

好的開始是成功的一半，以下是制定創業目標的幾個基本原則。

1、重新審視目標：重新審查自己列出的各項目標。數天至數週內須完成的當成短期目標，數週至一年內須完成的當成中期目標，一年以上才能完成的當成長期目標。在評估的過程中，若發現有的目標短期內不能做到，可彈性調整，降低目標難度。例如一年內無法賺到五十萬，就降低至二十萬，將五十萬改成長期目標。

2、確定開始與完成日期：要明確指定開始與完成的日期。越早開始，越能盡早實現自己的目標。完成日期只是預估值，可能會早或晚於這個時間才達成目標，但是你會發現確切的日期可以帶來動力，同時幫助你避免延遲，使計畫變得更有效率。

3、預期回報：想像達到目標之後的回報。每天想像成功之後的情景，會更有動力執行計畫。例如目標是賺五十萬，那麼就想像賺到五十萬後的用途。為工作奔波時，不妨幻想一下達到目標時的感覺，絕對能夠減輕壓力，使心情開朗。

4、掌握起點的情況：起點是指開始制定目標的第一天。簡單審視當下的各項條件，這是制定目標非常重要的一環。每工作一段時間，就回頭檢視，有助於改善缺失，並激勵你訂定更多的新目標。

5、列出達成目標的具體步驟：認眞思考計畫並列出達到目標的具體步驟。在思考的過程中，先寫下所有想到的有關達到目標的任何步驟，不要對任何想到的事進行評價，只要客觀錄下腦海中的各種想法，然後再進行篩選。事實上，在列出具體步驟的過程中，就可以開始行動了。輕鬆的執行，在進入最終階段時，你會發現導致結果的各種步驟自然的浮現出來。

6、列出可能遭遇的困難：列出所有可能遭遇的困難。並非所有的困難都是消極的，端看你如何看待它。只要確定記錄並加以克服，就不會成爲困難。困難經常代表優勢或機會，甚至隱藏著意想不到的好運。所謂「危機」，就隱藏著「機會」。有人說：「沒有機遇的困難是不存在的。」

列出困難的同時，也要列出解決的方法。樂觀面對困難，就可以從遇到的困難中找到更多機會。積極、輕鬆地分析困難，機會和解決方法更顯而易見。從自我實現的角度來看，所有的成就來自於征服困難。成功與否不應以取得多少成功來衡量，而應以在爭取成功的過程中克服多少困難來計算。

7、堅持到底：堅持就是勝利。一旦你堅定、義無反顧地投入工作中，再難的問題也會迎刃而解。例如小孩子學走路，跌倒再多次，只要堅持到底，最後一定能夠學會。沒有目標的團隊只是烏合之眾，群策群力於明確的目標上，是致勝的基本條件之一。

然而，現代人似乎將別人的意見看得比自己還重要使得我們對自己的評價越來越多來自於外界而非自己，結果開始依賴別人的想法來做決定，而且無法認同自己。

美國前總統喀爾文·柯立芝曾說：「世界上沒有任何東西能代替堅持到底。聰明不能，因爲世界上失敗的聰明人太多了；天賦不能，因爲沒有結果的天賦只不過是一句固定的成語；教育程度也不能，因爲世界到處可見受教育的傻瓜。只有決心和堅持到底才是萬能的。」

95 愼選創業夥伴，熟悉遊戲規則

東陽手中有一些資金，想成立一家顧問公司。因爲不懂業務，所以他找了幾位精通業務的朋友合作，成立股份公司。然而，東陽缺乏創辦股份公司的經驗，在公司決策、人事安排、利潤分配等問題上，經常發生糾紛。結果他的股份公司像不受控制的小艇，搖搖晃晃地行駛在波濤洶湧的大海中。

新公司成立的初期階段十分重要，公司的格調和形態都會在這段時期成形。在這個階段，進入公司的主要幹部及普通員工都有不同的動機。有人是爲了獲得個人發展的機會，獲得成就感。有人爲了賺錢，也有人既要賺錢，也要求成足感。如果主要創業股東對企業的期望不一致，就很難避免發生衝突。

1、選擇創業股東：新企業的理想投資人和主要幹部，應該根據企業未來成功所需的條件來選擇。從認識的人當中選出來的創業股東，很少會成爲最佳組合，即使是同事、同學或親戚。

想要成就一番事業，一方面需要得到親朋好友的支持，一方面又要按照理想，尋找看法一致、能夠幫助實現目標的人才。最適當的方法是，請親朋好友投資，但將管理權交給懂管理的人。

2、聘請顧問：公司的發展無法靠運氣，需要各種管理的專業知識，同時還要熟悉政府政策和法律規章。因此，必須尋找能提供協助、資歷符合的會計師和律師。身爲現代的企業家，你不必凡事皆知，但是要知道從何處找答案。另外，爲了做好財務計畫，你還需要精於理財的人，尤其是初創企業和中小企業的財務規畫，曾經協助其他新公司創立的人最是最佳人選。

3、集思廣益：在現今這個競爭激烈的世界中，單靠個人的智慧很難成事，集思廣益才是捷徑。另外，新企業的主要創業股東在做決定時，應該保持中立、客觀，不能唯唯諾諾。

4、不以股代薪：在企業初創階段，有的人會以股票代替薪資，激勵管理人員，但這是不恰當的做法，因為這樣可能會使股票落入將來不得不開除的人或不適合做投資合夥人的手中，而且可能還要將發出的股票重新購回，有的股票甚至會落入競爭者手中，使得他們有權得到公司的營業資訊。因此，絕對不能讓初創時期的管理人員得到公司的股票。

在新企業的資金周轉正常之前，公司的所有權及未來報酬，一定要以能對企業做獨特和直接貢獻的主要人員為前提，而在公司初步穩定之後，也要經過深入、詳細和長期的分析，才能進行第二階段的資本募集。

5、切忌用人唯親：董事會的主要工作是協助並鼓勵企業最高老闆的工作，並在必要時將之撤換，從而追求股東期望的利益。一個組織健全的董事會，不必花很大的代價就可以擴大新公司的管理視野。如果有一、二個具有適當背景的人參加董事會，可以使公司初期的地基更為健全。若是用人唯親，將不勝任的人安插到管理層，等於是拆自己的台。

96 聰明選擇工作夥伴，不做吃力不討好的孤獨英雄

佳穎想自己開公司，她自知勢單力薄，就力邀大學同學立昌來當總經理。立昌個性活潑，交遊廣闊，而且有識人之能。他加盟後，找來一批朋友擔任部門老闆。結果，公司剛開張就人才濟濟，沒幾年就發展成一家頗具規模的中型公司。

獨立創業的人，應該僱用有成功經驗且符合公司價值觀的人。經驗能夠增加知識的深度，只要觀察一個人過往的成績，就知道他未來可能的成就。主要人員的選擇標準，應該列在經營計畫中，也就是構建企業的藍圖中。經營計畫應反映出運作目標、公司文化，以及主要參與人的意圖。新進員工的興趣和能力，一定要符合這三項要求。

以下是具體聘用主要人員的原則。

1、透過現象看本質：企業家傾向於看到別人好的一面，因爲這樣可以營造融洽的工作氛圍。不過，前來面試的人多半口才不錯，你必須撕開僞裝，直逼核心，例如釐清這個人過去的幾年中究竟做了什麼，有什麼成就。利用應徵者提供的履歷作爲提出問題的參考，深入瞭解對方過去的成就。通過面試後，你更應該

徹底掌握求職者的過往記錄，以及他本人的想法。

2、調查對方的經歷：打電話給求職者以前公司的老闆，詢問這個人的工作表現，然後根據得知的資料修改你的記錄。當然，要考慮該老闆因下屬辭職而不滿、提供不利情況的可能性。另外，你要特別注意求職者的態度和人品。雖然你不必尋找一個能夠完全順從你公司的人，但是在小公司中，同事之間相處的情形非常重要。你對一個人瞭解得越多，越能夠引導他在公司中稱職地工作。

3、狀況測試：在進行面試時，可以提出「當……時，你應該怎麼辦」這類的問題。「狀況測試」可以協助你分辨哪些人具有真才實學，哪些人只是在自吹自擂。

4、安排多次面試：無論你有多精明，還是會有看錯人的時候。這時，你應該讓別人協助審查你所考慮僱用的人員。你的同事可能比你更能洞悉應徵者潛藏的缺點，可替你挑選出能夠幫助你「成大事」的真正人才。最好多安排幾次面試，利用你的下屬、顧問、其他創業者及可信賴的朋友對求職者進行面試，減少你的主觀意見。

5、建立企業文化：公司的文化核心是公司價值觀。公司展現的往來禮儀、外部形象等反映了「可見的價值觀」，而「隱藏的價值觀」通常出現在沒有「可見的價值觀」的細節。一個公司經過一段時間之後，就會有一些可見的和隱藏的行爲準則印入員工心中。無論這些準則好或壞，工作場所中的行爲會逐漸凝結成某些被人普遍接受的規範，新進人員則容易觸犯這種規範。每個公司都有一種文化，但不是每一個把公司建立起來的管理團隊都能營造他們理想的企業文化。

一般而言，某種文化在公司落地生根後，就很難改變。因此，最聰明、最理想的方式是在公司早期，就有意識地訂出必要的價值觀。接著，透過管理人員、各級老闆、各種活動及獎勵制度等，培養需要的文化。

構建企業文化是一種具有報償性的經驗，而且很有趣，能帶給你極大的滿足感。不過，要培養和維持某種「企業文化」，必須做有意識的努力。

97 員工與公司是生命共同體，適當的獎勵能夠讓員工甘心賣命

嘉明是很自律的老闆，創業之初，壓力很大，每天熬夜加班，他希望員工和他

一樣任勞任怨。沒想到，員工紛紛辭職，因爲他們認爲嘉明的要求太嚴苛，只顧自己賺錢，不管員工死活。嘉明很苦惱，卻束手無策。

現代企業管理已經從以物爲中心的管理轉向以人爲中心的管理，越來越突出人在企業生存和發展中的作用和力量。人成爲管理中心後，適時的獎勵自然就成爲管理工作的核心之一。想讓員工樂於賣命，必須實行有效的獎勵。

●物質獎勵

根據心理學家馬斯洛（Abraham.H.maslow）的需求層次理論（Hierarchy of Needs），人必須有足夠的物質基礎以滿足最基本的生理和安全需求。因此，物質獎勵往往是管理者最常用的鼓勵方式之一。不過，物質獎勵也不能千篇一律，應視不同的情況採取不同的方式。一般有以下兩種方式：

1、直接的物質獎勵。例如某空調公司爲了激勵員工的積極性，制定許多物質獎勵措施。亦即隨著公司盈利增加，逐步調漲員工薪資。公司不僅以眼前看得見的利益爲手段，而且還給員工希望，藉著這種方式鼓勵員工。結果，因爲這一系列直接而有效的獎勵措施，這家公司的業績蒸蒸日上。

2、間接的物質獎勵。提高薪資對管理階層而言，不一定有吸引力，可以採取股票分紅等做爲間接鼓勵。例如訂定一個門檻，當經理級的老闆達到要求後，可分若干股票。公司營運佳，股票價格上升，管理者就可以高價拋售股票，賺取收益，形成一種良性的循環。

●精神獎勵

精神獎勵的依據是，個人在滿足一定的物質需要後，會產生一種更高境界的需要——自我實現的需要，即充分發揮自己的潛能。只有在工作中完全展現出自己的才能和價值，才能獲得最大的滿足感。

1、尊重當成鼓勵。有一天，某公司的大門守衛老李接到通知：請到貴賓室開會。滿腹疑問的到貴賓室。沒想到，公司老闆們早就恭敬地站在貴賓室前等候，儼然是接待外賓的陣仗。貴賓室裡同時還有其他被通知前來的守衛，大家同樣感到莫名其妙。這時，總經理向他們深深鞠躬致謝，說道：「謝謝你們守護這個公司。」老李激動地說：「我們只是看門的，沒想到公司竟然這麼敬重我們。以後我們一定要更努力工作。」

從此以後，公司大門守得滴水不漏。守衛們對進出人員、貨物一律按制度嚴查，絲毫不含糊。晚上值班時，門裡門外都有人巡視。

每個人都希望被尊重，一旦這種需要得到滿足，其帶來的充實感將比物質上的鼓勵更強烈。讓企業的普通員工參與企業的管理活動，也是精神獎勵的重要方式之一，它是獎勵方式的昇華。

2、以企業精神鼓勵員工。美國某著名管理學者認爲，管理不僅是一門學問，更是一種「文化」，有自己的價值觀、信仰和語言。現代企業管理中，最有效的管理方式是逐步運用到「企業精神」鼓勵員工。將外鼓勵轉化爲內鼓勵，實現鼓勵的最高境界。

轉化爲內鼓勵的原因有二。一是外鼓勵有自身無法克服的缺點。外鼓勵只對一部分員工有用。外部力量鼓勵，只能維持一般的工作效率，維持企業的一般營運，無法發揮員工的主動性和積極性，很難大幅度提高工作效率或開拓企業的新局面。二是內鼓勵具有無可比擬的優勢。它可以依靠員工認同的目標、理想、信念等精神因素去強化自己的工作動機，激發自己的工作主動性、積極性，創造出人意料的奇蹟。

3、把自我實現當成獎勵手段。自我實現是滿足需要的最高境界，採用適當的鼓勵方式，滿足員工的這種需求，可以收到很好的效果。

●情感獎勵

情感獎勵既不是以物質利益爲刺激，也不是以精神理想爲導引，而是以個人與個人或組織與個人之間的情感聯繫爲手段而採取的一種鼓勵方式。情感獎勵主要是通過調節人的情緒來實現鼓勵的目的。

美國某機械公司成功地運用情感獎勵方式，使該公司兩萬多名員工中，既無工會組織，也無罷工、怠工和勞工糾紛的情形，因爲公司採取了下列幾項措施。

1、無解雇之憂，視員工爲一家人。介紹想離職的員工到其他公司工作，同時歡迎離職員工再回來工作。

2、不限退休年齡，重視資深員工。

3、不必打卡，勞資之間互相信任。

4、員工不計較薪資，因爲公司能夠使員工維持中產階級的生活水準，不根據制度發薪資，而是採取父親發給子女生活費的形式。

5、薪資是保證和穩定生活所需，而不是勞動代價的標誌。

6、公司無所謂加班、不加班，因爲員工具有大家庭的意識，他們把加班當成自己的家務事。

7、公司沒有工會。

由此可知，員工不覺得自己是公司賺錢的工具，而把自己當成公司大家庭中的一員，養成與公司同舟共濟的觀念。

98創業初期務求斤斤計較，養成節儉好習慣

健民果敢能幹，網羅一批精英，創立一家網絡公司。在他苦心經營下，公司財運興隆。然而，健民熱愛交際，經常「揮金如土」，導致員工也養成講究排場的作風。後來，當網絡公司普遍不景氣時，健民的公司業績逐漸下滑，支出卻居高不下。沒多久，公司就開始出現赤字了。

精明的老闆總是把一塊錢當兩塊錢用，把錢花在刀口上。不該用的，一塊錢也不多花。身爲一名老闆，任何時候都要精打細算，考慮如何降低成本，減少支出，避免不必要的開銷。

1、只買非買不可的東西：一般人的消費心理通常存在著「可買可不買」與「非買不可」兩種心理。節儉的人只買非買不可的東西，奢侈的人則經常買可買可不

買的東西。後者爲了一時方便，可能購進某些昂貴的東西，而且只用過一次就閒置。這種用錢方法就像不關閘門的水庫，永遠也蓄不滿水。

2、愼防比較心理：愼防各部門或員工之間的比較心理。例如人事部要求增購一張桌子、六把椅子和一個茶几。對人事部來說，添購這些辦公用品有助於提高公司形象。不過，一旦你批准就後患無窮了，因爲其他部門可能會想要「比照辦理」。因此，對於員工的要求一定要特別注意。

3、親自審核：如果公司某項支出不斷增加，最後一定會影響到其他開支。例如硬體設備，如電腦、印表機等，除非必要，否則絕對不能無限制地增加。增購新設備時，你最好親自審核，確定有其必要性再批准。

9 任何產品都有市場，但不是任何產品都能打開市場

英國和美國兩家鞋廠的推銷員，幾乎同時來到赤道附近的一個島上進行市場調查。兩天後，英國鞋廠的推銷員發電報回總部：「這個島上的居民都光腳，這裡沒有市場。」而美國鞋廠的推銷員經過幾天考察和分析研究後認爲，這裡的居民習慣

不穿鞋是因爲鞋商沒有來開發需求和市場，因此，他發電報回總部：「這裡的居民都沒有鞋子，這裡有廣大的市場。」果然，美國這家鞋廠在該島大肆宣傳後，居民發現穿鞋的好處，很快就打開銷路，大幅提高盈利。

市場猶如汪洋大海，競爭的波濤無時不在。經營者在這驚濤駭浪的大海中，如何才能把經營的船駛達成功的彼岸並從中獲利呢？經過無數經營者的實踐和探索，發現了一條賺錢之道，即創造市場。那麼到底該如何創造市場呢？

1、製造需求：市場與需求是相依爲命的，沒有需求就不會有市場。如果經營者能「製造」需求，市場就應運而生了。人們對某種產品有強烈的需求，就有遠大的市場前景，所以經營者應該學習如何製造需求。

2、樂觀看待未來：只要有人就有市場，善於觀察的人較容易發現市場。有一則笑話：老太太有兩個兒子，一個賣傘，一個賣鹽。晴天老太太擔心無人買傘，雨天擔心無人買鹽。結果有人告訴老太太：「天有陰晴，你只要想，晴天有人買鹽，雨天有人買傘，那麼你的兩個兒子不就都有飯吃了嗎？」

3、引導消費：只關注消費者的日常需求還不夠，應該設法引導、發掘消費者的潛在需求。地球上有數十億人口，隱藏著各種需求和市場，只要經過適當的誘導和開發，自然就會出現。

4、不斷更新產品：大部分的人都喜新厭舊，現存的產品很容易被個人喜好淘汰。唯有不斷創新，利用新產品迎合消費者的潛在需求、誘導消費者的新需求，才能在市場上站穩腳跟。

100 調整負債比例，減輕獲利壓力

翰文在某公司上班，利用業餘時間炒股票，最初只是玩票性質，後來玩上癮，乾脆辭職專門炒股票。不到一個月，賺進五、六萬。翰文胃口越來越大，以高息向朋友借了十萬元投資，沒想到運氣不好，被套牢。借款到期後，債主上門找翰文要錢。翰文沒錢還，只好避不見面，東躲西藏。

對於經營者而言，無論你有多少借貸的管道，也不管你能借到多少資金，千萬不能做債務的奴隸。

1、有多少錢做多大生意：雖然這種做法很保守，卻能在激烈的競爭中穩紮穩打。

有句形容銀行借貸的俗語：「晴天送傘，雨天收傘」，揭示了借貸的本質。許多

經營者喜歡借貸，不面對現實，盲目變更、擴張營業，毫無計畫地揮霍資金，卻忘了一個事實：借的錢終究要償還。過分的投資超出實際需求，收益勢必不成比例。如此一來，經營者疲於應付借款，甚至求諸高利貸。經營者應該感謝吝嗇的金融機構，因爲它可以迫使你從另外的角度仔細認識自己，評估實際情況，妥善運用資金。

2、用小錢滾大錢：在商品經濟的社會中，處處離不開錢，尤其是做生意，沒有本錢可謂寸步難行。有了錢，就可隨心所欲，但是經營者的智慧在於有效運用小額資本，以小錢滾大錢。投入大量的資金，購進大量的貨，滿足客戶各種需求，守株待兔，坐等客人上門。任何人都會做這種死生意。沒有本錢的經營者不必擔心，只要遵循不斷提高資金周轉率的原則，制定出相應的物品銷售策略，就能夠找到成功的秘訣。

3、累積發展資金：經營者在經營活動中都會遇到資金周轉的問題，借貸是很正常的。常言道：「用自己的資金做生意是下策，用別人的錢賺錢才是上策」。有的人借到資金後就拚命擴大投資，缺錢就像無頭蒼蠅四處籌措。事實上，經營者應該設法累積發展資金，避免在經營中處於被動地位。那麼怎樣才能擴充發展資金呢？

有資金運作經驗的經營者認爲，營運狀況甚佳時應適時儲蓄，不勉強擴大投資。儲蓄猶如「蓄水池」，在無意識中蓄積力量。有了儲蓄後，就可以積極投資不動產，穩紮穩打。無論用什麼辦法，平時多儲蓄，以備不時之需，是資金周轉對策的第一步

4、愼重申請貸款額：營業一段時間後，確實有擴大投資的必要，而當資金不足時，借貸是較好的方法。例如服飾店注重流行性，所以對資金的周轉要求較高。在資金周轉遇到困難時，只要有一定的自備資金，就可以向金融機構申請貸款。不過，申請貸款之前，一定要擬定還款計畫，並釐清貸款的條件和利息等，評估自己的還款能力。仔細計算和分析是貸款前必須要的工作。一般而言，貸款額不超過自備資金比較保險。這樣既不會有沈重的壓力，又能爲擴大經營提供有效的資金保障。

課堂上學不到的100條人生經驗

作　　者　胡凱莉

發 行 人　林敬彬
主　　編　楊安瑜
編　　輯　蔡穎如
美術設計　林秀穗
封面設計　盧志偉

出　　版　大都會文化事業有限公司　行政院新聞局北市業字第89號
發　　行　大都會文化事業有限公司
110台北市基隆路一段432號4樓之9
讀者服務專線：(02)27235216
讀者服務傳真：(02)27235220
電子郵件信箱：metro@ms21.hinet.net
網　　址：www.metrobook.com.tw

郵政劃撥　14050529 大都會文化事業有限公司
出版日期　2006年12月初版一刷
2010年9月初版二十八刷
定　　價　300元
特　　價　199元

ISBN10　986-7651-81-2
ISBN13　978-986-7651-81-5
書　　號　Growth-013

Metropolitan Culture Enterprise Co., Ltd.
4F-9, Double Hero Bldg., 432, Keelung Rd., Sec. 1,
Taipei 110, Taiwan
Tel:+886-2-2723-5216　Fax:+886-2-2723-5220
E-mail:metro@ms21.hinet.net
Web-site:www.metrobook.com.tw

國家圖書館出版品預行編目資料

課堂上學不到的100條人生經驗. / 胡凱莉 著.
-- 初版. -- 臺北市 : 大都會文化, 2006[民95]
面； 公分. -- (Growth ; 13)
ISBN 986-7651-81-2 (平裝)

1. 成功法 2. 生活指導

177.2　　95010606

廣 告 回 函
北 區 郵 政 管 理 局
登記證北台字第9125號
免 貼 郵 票

大都會文化事業有限公司
讀 者 服 務 部 收
110台北市基隆路一段432號4樓之9

請沿虛線剪下，對折裝訂後寄回

寄回這張服務卡〔免貼郵票〕
您可以：
◎不定期收到最新出版訊息
◎參加各項回饋優惠活動

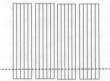

課堂上學不到的100條人生經驗

大都會文化 讀者服務卡

書名：**課堂上學不到的100條人生經驗**

謝謝您選擇了這本書！期待您的支持與建議，讓我們能有更多聯繫與互動的機會。日後您將可不定期收到本公司的新書資訊及特惠活動訊息。

A.您在何時購得本書：_____年_____月_____日

B.您在何處購得本書：__________書店(便利超商、量販店)，位於___________(市、縣)

C.您從哪裡得知本書的消息：1.□書店 2.□報章雜誌 3.□電台活動 4.□網路資訊5.□書籤宣傳品等 6.□親友介紹 7.□書評 8.□其他______________________________

D.您購買本書的動機：（可複選）1.□對主題或內容感興趣 2.□工作需要 3.□生活需要 4.□自我進修 5.□內容為流行熱門話題 6.□其他_____________________________

E.您最喜歡本書的（可複選）：1.□內容題材 2.□字體大小 3.□翻譯文筆 4.□封面 5.□編排方式 6.□其它

F. 您認為本書的封面：1.□非常出色 2.□普通 3.□毫不起眼 4.□其他_______________

G.您認為本書的編排：1.□非常出色 2.□普通 3.□毫不起眼 4.□其他_______________

H.您通常以哪些方式購書：(可複選)1.□逛書店 2.□書展 3.□劃撥郵購 4.□團體訂購5.□網路購書 6.□其他_______________

I. 您希望我們出版哪類書籍：（可複選）1.□旅遊 2.□流行文化3.□生活休閒 4.□美容保養 5.□散文小品 6.□科學新知 7.□藝術音樂 8.□致富理財 9.□工商企管10.□科幻推理 11.□史哲類 12.□勵志傳記 13.□電影小說 14.□語言學習（____語）15.□幽默諧趣 16.□其他______________________________

J.您對本書(系)的建議：______________________________

____

K.您對本出版社的建議：______________________________

____

讀者小檔案

姓名：____________________ 性別：□男 □女 生日：_____年_____月_____日

年齡：□20歲以下□21～30歲□31～40歲□41～50歲□51歲以上

職業：1.□學生 2.□軍公教 3.□大眾傳播 4.□ 服務業 5.□金融業 6.□製造業 7.□資訊業 8.□自由業 9.□家管 10.□退休 11.□其他 __________________

學歷：□ 國小或以下 □ 國中 □ 高中／高職 □ 大學／大專 □ 研究所以上

通訊地址 ______________________________

電話：（H）______________（O）______________傳真：__________________

行動電話：__________________ E-Mail：______________________________

◎謝謝您購買本書，也歡迎您加入我們的會員，請上大都會文化網站 www.metrobook.com.tw登錄您的資料，您將會不定期收到最新圖書優惠資訊及電子報。